QUE LA VIE SOIT [...]
ET DOUCE POUR VOUS !
L'ESPOIR EST UN TRÉSOR PRÉCIEUX
BONHEUR À L'INFINI –
Suzanne –

mon espoir ma colombe

Le défi d'une arthritique

SUZANNE DESLOGES DUVAL

mon espoir ma colombe

Le défi d'une arthritique

Données de catalogage avant publication (Canada)

Desloges-Duval, Suzanne
    mon espoir, ma colombe. Le défi d'une arthritique
    Autobiographie.

    ISBN 2-89428-164-1

    1. Desloges-Duval, Suzanne. 2. Polyarthrite rhumatoïde.
3. Malades chroniques – Québec (Province). – Biographie. 4. Arthritiques – Québec (Province) - Biographies. I. Titre.

RC933.D46A3 1996   362.1'967227'0092   C96-941041-7

Maquette et illustration de la couverture :
        Olivier Lasser
Composition et mise en pages :
        Mégatexte

Dépôt légal : 3ᵉ trimestre 1996
Bibliothèque nationale du Québec
Bibliothèque nationale du Canada

ISBN 2-89428-164-1

© Copyright 1996 Éditions Hurtubise HMH ltée

Imprimé au Canada

Lettre-préface

*M*on espoir, ma colombe est le vibrant témoignage d'une femme aux prises avec cette terrible maladie encore trop peu connue qu'est l'arthrite rhumatoïde. Suzanne Desloges Duval est un exemple de courage et d'amour de la vie.

La Société d'Arthrite, division du Québec, en s'associant à la publication de ce livre espère que son caractère émouvant apportera une lueur d'espoir à tous ceux et toutes celles qui souffrent d'une maladie chronique, et permettra une meilleure compréhension de celle qui est la plus répandue au Québec : l'arthrite.

Rappelons que la Société d'Arthrite est le seul organisme canadien sans but lucratif, entièrement voué à la promotion et au financement de la recherche, aux services aux arthritiques et à la sensibilisation du public.

Nous remercions du fond du cœur Suzanne Desloges Duval qui, à travers son expérience personnelle, contribue à défendre d'une manière sensible la cause de la lutte contre l'arthrite.

Ken McCaughey
Directeur général
Société d'Arthrite
Division du Québec

*Je dédie ce livre à tous ceux et à toutes celles
qui m'accompagnent sur la route de cette vie...
et en mémoire de tous ceux et de toutes celles
qui l'ont déjà quittée*

Avant-propos

Écrire

La poésie c'est tout ce qu'il y a d'intime dans tout. Il faut que toutes les fibres du cœur humain vibrent sous les doigts du poète comme les cordes d'une lyre.

Victor Hugo

D'aussi loin que je me souvienne, il me semble que j'ai toujours écrit. Il me semble que j'ai toujours rêvé d'écrire, et un jour de voir naître un petit livre. On dit qu'il faut croire en ses rêves pour qu'ils se réalisent...

Je n'ai jamais fait d'études de langues ou de littérature. Je n'ai jamais suivi d'ateliers d'écriture. Ce n'est pas parce que je crois que je n'en ai pas besoin mais plutôt par manque d'énergie et de vitalité. Je suis trop souvent à bout de souffle et écrire, pour moi, correspond à un mode d'expression et à un besoin de dire, de communiquer des idées, des opinions, des sentiments. L'écriture est un monde sans frontières. Dans ma tête, elle comble tous les espaces. Dans ma vie, elle soulage, elle embellit, et elle ennoblit chaque instant. L'écriture devient l'étincelle qui alimente toute ma recherche d'équilibre.

Mais quoi écrire? Recueil de poèmes? Roman? Nouvelle? Témoignage? Tout écrire! Il faut tout écrire! C'est pour moi une exigence. Je ne peux m'y soustraire. Essayer, ne serait-ce qu'un seul jour, d'ignorer ce besoin, serait ignorer et étouffer ce cri né au plus profond de moi-même. C'est ce cri qui me tient éveillée la nuit. C'est encore lui qui fait jaillir idées, images, émotions, au moment où je ne m'y attends le moins. Ce cri du cœur me garde vivante. J'ai décidé de raconter ma vie, car je ne connais rien de mieux que mon propre vécu. À l'aube de la quarantaine, faire le point, jeter un tranquille regard derrière son épaule peut, je crois, devenir le tremplin d'un avenir et d'un espoir que je veux sans cesse renouveler. À chaque fois, je me donne le droit de le faire, pour moi-même d'abord, car j'ai soif de paix et de sérénité.

Mais cette fois, je prends le risque. Je ne me limite plus. Au-delà du partage avec mon monde quotidien, voilà qu'aujourd'hui, je dépasse l'horizon. Je saute les barrières. Je défonce les murs. À la recherche d'une plus grande communication, je veux aller chercher l'inconnu et l'apprivoiser. Si vous voulez faire partie de ce grand cercle que je me dessine, alors, je vous accueille et je vous remercie. Il m'importe tellement de voir et de goûter à ce miel de l'existence qui donne un goût si prononcé pour la vie. Il est si réconfortant de réaliser que l'on n'est jamais tout à fait seul au monde. C'est donc à vous que je m'adresse, par besoin de vous créer et de vous reconnaître.

Dans les pages qui vont suivre, vous découvrirez ce qu'est pour moi vivre avec une maladie chronique depuis l'âge de vingt-deux ans. Je ne veux que vous relater des faits, des événements qui me sont arrivés au fil des ans. Je sais avec certitude que cette existence bien ordinaire est tout à fait à la mesure d'une vie simple, au quotidien beaucoup moins lourd que bien d'autres, atteints de la même maladie ou d'un autre problème de santé plus critique ou plus aigu. Vous me suivrez, à travers diverses étapes de ma vie. Je sais que, naturellement, vous serez confrontés à mes sentiments et à mes émotions. Et même, je crois bien que, dans l'expression intime de ce que je suis, vous trouverez peut-être mes propos presque indécents. Je ne peux y échapper, je suis comme ça. Une sensibilité à fleur de peau qui, en évoluant, s'efforce de guérir plutôt que de détruire. Je ne peux me raconter à travers un calendrier ou un tableau chronologique tout couverts de détails. Je ne peux que vous parler cœur à cœur, en donnant un grand coup de cœur en toute confiance, en misant sur la compréhension et la tolérance. Un moment d'intimité avec vous.

Madame de Staël a écrit un jour : «*...Il y a de la poésie dans tous les êtres... dans tous les êtres capables d'affections vives et profondes. C'est l'expression qui manque à ceux qui ne sont pas exercés à trouver la poésie. Le poète ne fait, pour ainsi dire, que dégager les sentiments prisonniers au fond de l'âme.*» C'est pour avoir cru très tôt en ces paroles et y croire encore aujourd'hui que j'ose les pages qui vont suivre. Et c'est vraiment sans prétention aucune que je pense qu'une certaine forme de poésie enrobera mon récit. C'est naturel ; comme une seconde peau, une seconde nature. C'est une façon de parler et d'écrire qui est intimement liée à la façon que j'ai de dire les choses, car comme l'écrit encore Madame de Staël «*la poésie, pour peu qu'on veuille descendre en soi-même, interroger son âme, rappeler ses souvenirs d'enthousiasme, n'a pas d'autre but qu'elle-même : elle ne peut en avoir d'autre, et aucun poème ne sera si grand, si noble, si véritablement digne du nom de poème, que celui qui aura été écrit uniquement pour le plaisir d'écrire un poème*».

J'ai hérité de ce sens de la poésie. J'essaierai de vous décrire cet état de choses, qui vient de la nécessité que j'ai de toujours donner un sens à ce que je vis. Cette obsession tranquille de chercher ce qui se cache derrière le visible, de comprendre ce qui se dit à travers les mots, ou ce qui se dissimule entre les lignes; cette recherche jamais achevée de rencontrer, de reconnaître un monde derrière ce monde.

Depuis plus de vingt ans, je croise le chemin de bon nombre de scientifiques. Il y a les rhumatologue, les hématologues, les néphrologues, les dermatologues, les gynécologues, les gastro-entérologues... tout ce qui a l'air de se terminer en «ogue», ou bien d'autres spécialistes de toutes sortes. J'ai appris qu'un hôpital est un monde en soi. J'y évolue dans et hors les murs, allant de la médecine traditionnelle à la panoplie des médecines douces, en passant par toute la gamme des petites recettes-maison, dont toute personne bien intentionnée s'ingénie à me révéler le secret... et que j'essaie.

Je ne dévoilerai aucun nom, sauf ceux de ma famille ou d'amis très proches. Aucun médicament ne sera identifié non plus, sauf en quelques très rares occasions. C'est ma relation personnelle avec la maladie elle-même que je décrirai pour récapituler l'existence qui a été la mienne jusqu'à aujourd'hui. Je parlerai des effets d'un médicament sur mon organisme plutôt que du produit lui-même. Je pense tout à coup que si jamais mon docteur préféré venait à fureter dans ces pages, il trouverait sûrement que pour parler d'un même cas, d'un même dossier, d'une même personne, nous n'avons pas du tout le même langage. Mais n'est-ce pas normal, puisque nous sommes l'un et l'autre de chaque côté du miroir? J'oblige toujours mon médecin à me considérer comme un être humain, et pas seulement comme un malade. Et pour ce faire, je lui offre un sourire, une inquiétude, une hésitation, une certaine pudeur. Je lui raconte un regret, un essai, une tentative de mieux-être. Je lui donne une pensée, un livre, une fleur. Je sais qu'il demeure avant tout un scientifique et que moi, je ne suis pas toujours objective. Cela va de soi. C'est de moi qu'il s'agit et je ressens tellement tout, si fort, dans ma tête, mon cœur et mes tripes !

Déjà, je sais que mon écriture n'a pas toujours la même couleur, la même saveur, la même intensité, dans le ton comme dans le débit. La raison en est la douleur physique. Peut-être devinerez-vous à certains moments, dans certains paragraphes, que je souffre davantage ou que je suis plus apaisée. J'ai le goût de vous dire que je ne reviendrai pas sur les chapitres déjà écrits, car la douleur est caractéristique de mon quotidien et de ma vie tout entière. C'est à l'image de ce que je suis, et je l'ai depuis longtemps accepté. Je ne peux ignorer la douleur et, à son tour, elle teinte inévitablement ce que je pense, écris et ressens. Et c'est bien comme ça.

L'écrivain Colette, clouée à son fauteuil par une arthrite grave déclarait : «*Je vais d'un petit train d'une dame du Second Empire. Un poney me dépasserait. C'est qu'il y a tant à regarder, quand on chemine lentement. Les reliefs qu'efface la vitesse ressuscitent. Il m'en a fallu, des ans et des incommodités, pour que j'aie droit à la lenteur, à l'arrêt capricieux, au narcisse, à l'orphis pourpre, à la fraise sauvage... Finalement, cette arthrite n'est pas une si mauvaise affaire.*» Finalement, la vie est plus forte que tout. L'expression de mon vécu diffère de la vôtre et de celle d'un autre. L'écriture est le moyen que je privilégie. Cette première communication avec vous s'avère donc être, pour moi, plus que l'expression de ma vie. Elle se veut surtout besoin, besoin de partage et de promesses, besoin de toucher du doigt l'essence même de ce qu'est la Vie teintée d'Espoir.

I

Le défi de mes 20 ans

Il faut avoir innée la puissance du rêve ; on éduque, on renforce en soi celle de la pensée.

Mᵐᵉ de Staël

Oui, comme tout le monde, j'ai eu vingt ans! Malgré les études, l'isolement, une fragile assurance, une réelle indépendance, oui, moi aussi, j'ai eu vingt ans! J'ai connu beaucoup de camarades masculins, mais j'ai eu peu d'amourettes ou d'amours d'été. Je devais être trop sérieuse ou trop sage. Je ne sais pas. Déjà, à cette époque, j'étais pour mes «chums» l'amie, la confidente, celle qui comprend tout en parlant peu ou pas du tout.

Pourtant, pour mes vingt ans, c'est le cadeau de l'amour que j'ai reçu, dans une soirée dansante où la fumée et le bruit de la musique nous empêchaient presque de bien distinguer nos traits et de bien entendre tout ce que nous désirions nous dire. C'était le vrai, le grand, le seul. Celui que l'on espère voir durer toujours et devenir meilleur avec le temps, comme le bon vin qui, à maturité, apporte avec lui joies et satisfactions.

L'année de mes vingt-deux ans fut une année-tournant, une année-clé. Vingt-deux ans en avril, diplômée du CÉGEP de Sherbrooke en mai, mariage en juillet, premier emploi comme agente d'aide sociale en septembre et... les premières douleurs incompréhensibles, soudaines et mystérieuses l'hiver suivant, vers février 1972. C'est le début... d'une aventure, de l'inconnu, de l'imprévisible. Trop jeune pour être pleinement consciente de l'impact du diagnostic médical, je continuai de foncer tête baissée dans la vie, avec tout un ciel d'espoirs au-dessus de ma tête et aucune contrainte à prévoir dans l'immédiat et même dans le futur.

C'est à partir d'ici que je veux vous parler de la maladie dans ma vie, de cette maladie qui est la mienne. Je veux vous en parler par grands thèmes, avec en mémoire tous les détails, mais en ne livrant que ce que je considère comme essentiel. Inévitablement, avec les faits, je vais me raconter, c'est à dire que je vais livrer mon cœur et mon âme, dans une évolution, un cheminement que j'ai toujours instinctivement voulu positif, valorisant, même au plus fort des doutes et des peurs. Je vous raconterai ce qu'est pour moi «la lueur d'espoir». L'espoir que je cultive, que j'arrose, que je cajole, que je vois fleurir, que je dois parfois couper, pour le voir renaître plus grand, plus fort, plus épanoui.

À vingt ans, j'ai dû tout réinventer et tout réorienter. À tous les défis de la jeunesse, pleins d'exubérance, de confiance et de vitalité, à tous ces défis, ces rêves et ces désirs, est venu se greffer un autre défi. Celui de la faiblesse que je n'attendais pas. Celui de la crainte que je ne souhaitais pas. Celui de l'insécurité que je ne connaissais pas. Celui du doute que je ne réalisais pas. Le grand défi de la maladie. L'échec apparent de mon corps. Le désarroi palpable de mes pensées. La déroute de mes projets les plus minimes.

Ce défi, mon défi, a toujours croisé l'espoir, mon espoir. L'espoir est ainsi devenu un autre de mes défis. Il doit être stable, brillant. Il doit me guider et me rassurer. Il doit me maintenir en vie, coûte que coûte.

Du rêve à la réalité, l'espoir est grand et puissant. Et, du début à la fin, la vie prend plusieurs visages. Elle se teinte de couleurs et elle crée de sublimes mirages. C'est peut-être ainsi qu'un beau jour, j'ai rencontré une colombe. Je l'ai croisée au détour d'une grande détresse. Elle m'a aveuglée par le bleu de ses ailes. Elle m'est apparue si petite mais si vaillante. Enfermée entre quatre murs, dans une pièce sans aucune fenêtre, elle ne semblait pas à sa place et pourtant, elle y était, elle y vivait, elle m'appelait, elle me consolait.

Elle est devenue une amie. Elle s'est laissée approcher, apprivoiser, caresser. Elle a battu des ailes dans mes mains, et son envol ne m'a jamais laissée triste ou désemparée. Même si elle disparaît à mes yeux, jamais elle ne me quitte.

Comme elle, je voudrais parfois m'évader. Avoir le pouvoir de m'élancer très haut dans le ciel, à la recherche de l'air frais, des hauteurs pures et saines, sans être gênée par une lourdeur, une lenteur, qui parfois me font crisper les poings de rage et d'impuissance... Moi qui, certains jours, peux à peine décoller les bras et les épaules de mon corps, je l'envie. Elle efface tout le négatif pesant de mes jours. Elle m'enseigne alors la réceptivité, cette faculté d'utiliser à leur maximum tous les gestes, les mots, les événements, les gens qui m'entourent, comme autant d'éléments susceptibles de déclencher un défi à relever, comme une perche tendue que je ne dois jamais laisser tomber à l'eau.

Messagère et symbole, étrange et mystérieuse par sa forme, sa couleur et son destin, une colombe bleue à apprivoiser.

2

J'ai mal... Je souffre...

Ô douleur, ce brusque rappel à la vie.

Colette

Polyarthrite rhumatoïde : voilà deux grands mots, qui impressionnent par leur longueur et leur résonance. Seulement les lire et les entendre semble si terrible, si complexe. Ce diagnostic indique l'une des cent cinquante formes d'arthrite existantes. C'est celle qui entraîne les déformations. «Poly» signifie que plus de cinq articulations sont atteintes. C'est une maladie chronique et je dois apprendre à vivre avec elle. Elle m'accorde parfois un répit, une période de rémission, mais son essence même est la douleur physique, la souffrance. Sur mon corps, comme dans mon esprit et dans mon cœur, elle imprime son sceau à tout jamais. Les empreintes qu'elle laisse sont la marque ineffaçable du temps qui passe sur ma vie.

Je veux ici préciser tout de suite que je ne suis pas le pire des cas d'arthrite, ni le plus bénin non plus. Il y a plus que quelques jointures qui me font souffrir. Et, en dix-neuf ans, j'ai vu chez d'autres des déformations presque impossibles à décrire. J'ai vu aussi des personnes en fauteuils roulants et d'autres souffrant d'un manque d'autonomie presque total.

J'ai appris que chaque cas d'arthrite est différent en lui-même. Chaque cas est particulier. Chaque organisme réagit différemment à cette maladie et à la médication.

Car l'arthrite, dont on ne connaît pas encore l'origine, et pour laquelle on ignore le remède miracle, peut, bien sûr, être soulagée par des médicaments. Mais certains médicaments ont des effets secondaires parfois aussi pénibles et désastreux que la maladie elle-même. J'en ai vécu l'expérience.

On soulage les douleurs par des anti-inflammatoires, des infiltrations, des médicaments stéroïdiens (cortisone) et non stéroïdiens. Il y a aussi les médicaments-traitements. Par exemple, le sel d'or, celui que tout le monde connaît plus ou moins, de nom. Il y en a bien d'autres... Pour ma part, certains d'entre eux, lors de leur administration, combinés à d'autres problèmes de santé, ont eu des effets secondaires, surtout sur ma formule sanguine. Problèmes de plaquettes qui déclenchaient une situation d'hémophilie. Problème d'anémie où, un jour, mon taux d'hémoglobine a chuté jusqu'à 35 (taux normal 120 à 160). J'ai connu, à ce moment-là : transfusions de sang, arythmie cardiaque, liquide dans les poumons, bref, un petit séjour aux soins intensifs. On m'enlève le médicament responsable, on me fait prendre de bonnes doses de cortisone et tout rentre dans l'ordre... avec le temps. Cette maladie est un peu traître, hypocrite et sournoise. Elle attaque sans crier gare. Elle s'incruste dans mes jours. Elle m'espionne et me surprend à des moments où j'ai particulièrement besoin de tous mes moyens.

À vingt-deux ans, l'arthrite m'a tenue tremblante et fragile dans ses bras. Elle a sélectionné mes activités sportives. Elle a freiné de légitimes ambitions et, surtout, elle m'a retenue dans mes gestes de tendresse et d'affection. Porter un enfant, serrer une main tendue, lever le bras pour un au-revoir, tout est devenu en sursis.

À trente ans, l'arthrite m'a aguerrie. Elle m'a enseigné la vigilance, la patience. Elle m'a foudroyée par la violence de ses assauts. Elle m'a effrayée. Elle m'a courtisée. Elle s'est acharnée, jusqu'à ce que je lui fasse une place définitive dans ma vie.

À quarante ans, l'arthrite me demeure fidèle et elle est ombrageuse. Elle s'est finalement installée sur moi et en moi. Elle demeure indomptée mais pas indomptable. Elle taquine ma résistance. Déjà, l'arthrite, plus que les années qui passent, me fait réaliser que je n'ai plus vingt ans et je me répète souvent qu'heureusement, on n'a pas l'âge de ses os, mais celui de son cœur. L'inquiétude, la peur, sont reléguées dans le passé. L'espoir est toujours et en tout temps plus fort que tout. Pourquoi? et comment?...

Parce que la vie continue, même si j'ai pensé mourir. Parce que celui que j'aime est là, m'accompagnant à la perfection, mais en ne sachant pas toujours très bien cacher son appréhension sous le calme apparent de ses gestes. Parce que mes enfants me réclament et que, pour eux, j'irai au-delà de mes forces, au-delà de ma volonté, pour découvrir finalement que l'impossible devient possible, pour autant que j'y mette du temps, que j'accomplisse le premier pas, que je fournisse le premier effort. Parce que moi, j'aime la vie et je m'aime aussi, et que cela seul suffit pour que jamais je ne m'arrête de conquérir une certaine qualité d'existence.

Polyarthrite rhumatoïde, diagnostic médical qui semble à la fois banal et compliqué. Mais il est si concret et si près de mon quotidien, dans une vie apparemment sans histoire ni accrochage, vue de l'extérieur. Ce qui est parfois difficile à vivre au contact des autres, c'est cette espèce d'indifférence et de défaitisme que les gens en général et même certains arthritiques adoptent face à «l'arthrite». «On sait, il n'y a rien à faire...», «C'est une maladie de vieux...», «Tout le monde en fait, de l'arthrite...» Et ainsi, c'est comme si tout avait été dit. Prenez votre mal en patience et surtout, ne poussez pas l'audace jusqu'à avouer que vous avez mal.

Mais je regrette, moi, je le dis : «J'ai mal!» et je le redis encore : «Ça fait si mal!». Des petits enfants de cinq ans souffrent d'«arthrite juvénile». Il y a aussi ces arthritiques de trente, quarante ou cinquante ans qui cachent leur mal à des amis, à un employeur. Par honte? Par gêne? Par peur de ne pas être crédibles? Il y a ces personnes âgées, dans les hôpitaux pour malades chroniques, qui sont devenues complètement dépendantes du personnel pour leurs plus intimes besoins naturels. Pourquoi cacher et taire tout cela? Parce que l'arthrite, ça ne fait pas mourir? Parce qu'avec l'arthrite, on ne fait que pâtir? C'est vrai! Mais cette cote de douleur est tellement vivante! Selon Meg Bogen, cette cote est souvent représentée par une échelle de 0 à 10; 10 représente l'intensité de douleur maximale que j'ai pu connaître dans ma vie. Et le 1, le minimum, car 0 est l'absence totale de souffrance physique. Je l'avoue, l'effort de cet exercice d'évaluation m'aide souvent à évaluer la réalité à sa juste mesure.

Avec l'arthrite, ma vie est aujourd'hui riche d'expériences et de savoir. Je la trouve belle, ma vie. Difficile, simple, mais belle. J'ai définitivement acquis le besoin des vérités essentielles. L'arthrite m'oblige à ne retenir que les vraies valeurs de l'existence. Même abrutie par la douleur et l'impuissance, elle me laisse assez d'espace, d'air et de vouloir pour réussir à affronter, ne serait-ce qu'un instant, des mystères tels que le vol d'un oiseau, l'éclosion d'une fleur, le rythme des saisons, le murmure du vent, la force du nouveau-né, la faiblesse du centenaire, la brillance du diamant, la chaleur du feu, la couleur du temps. D'autres mystères encore, tels que le mutisme de l'enfant qui meurt de faim, le reproche du soldat à la guerre, la folie de l'ambitieux, la popularité des joies éphémères.

Mystères! La maladie, la douleur m'ont appris qu'il n'est même pas nécessaire d'avoir réponse à tout. Vouloir tout expliquer avec une logique implacable use mes forces et ne me laisse qu'une incroyable sensation de temps perdu. L'arthrite mesure, au centimètre près, la longueur de mon espoir. Et je sais qu'un jour, cet espoir sera tellement solide et définitif qu'il n'y aura plus qu'un pas à faire pour demeurer à la hauteur de mon rêve. Je réussirai à capturer dans mes mains déformées, la colombe bleue de ma guérison, à qui j'accorde d'avance, sans condition aucune, le vol de la liberté.

3

Je suis pour et je suis contre

Chaque être porte en soi comme un mystère.

Suzanne Marie Durand

Pour «et» contre et non pas pour «ou» contre ma maladie.

Les «pour», c'est-à-dire les attitudes qui travaillent pour la maladie, donc contre moi. Les «contre», c'est-à-dire les attitudes qui travaillent contre la maladie, et donc pour moi. Il est certain qu'à travers mes journées, les pour et les contre ne sont pas si clairement départagés. Ils s'entrecroisent habilement, pour mieux me mêler et me désarçonner. C'est une conquête à refaire presque chaque jour. C'est une victoire à célébrer presque chaque soir.

Nous sommes en 1991. Il y a maintenant dix-neuf ans que je souffre de polyarthrite rhumatoïde. Après des débuts quand même lents, avec de bonnes périodes de rémission, parfois même de douze à dix-huit mois, voici que, depuis cinq ans environ, la maladie elle-même ne me semble plus en déroute et me met souvent hors de combat. J'ai souvent le nez au tapis... J'imagine l'arthrite en moi comme un génie de la lampe d'Aladin qui s'amuse à se réveiller dans chaque infime partie de mon corps, au moment où je m'y attends le moins et souvent aussi aux périodes les plus cruciales de mon existence. Ce n'est jamais le bon moment pour être malade, n'est-ce pas? Je travaille toujours très fort pour que ce génie en soit un bon et non un mauvais...

Après mon premier accouchement, en 1973, malgré les médecins qui me conseillaient de ne plus avoir d'enfants, je suis à nouveau enceinte et j'accouche en 1977. C'est à cette époque que les premières déformations sont apparues, aux mains surtout.

J'ai alors reçu toute la gamme des traitements proposés par la médecine. Outre les médicaments, bien sûr, il y eut aussi les exercices dans une piscine chauffée ; la physiothérapie ; les bains de cire chaude ; les services d'ergothérapie, services qui, depuis, se collent à mon quotidien pour mieux m'aider à être et à demeurer autonome, libre de mes mouvements, au regard de ceux qui m'entourent. Les orthèses et les prothèses me sont fabriquées pour la première fois : orthèses dynamiques pour les mains, attelles de repos, semelles pour mes souliers, collier cervical, etc.

Aujourd'hui encore, je me rappelle que j'eus alors l'impression de recevoir comme un déguisement. Et pourtant, ce déguisement, je l'aime. Je l'accepte d'abord pour ensuite l'imposer à la vue des autres, comme des accessoires simples et normaux, susceptibles de me rendre plus apte à fonctionner et surtout me donner la possibilité de retarder la progression de la fatigue, de la maladie, des déformations. Chaque objet conçu pour m'aider, chaque aménagement réalisé chez moi ou à mon travail sont autant de moyens mis à ma disposition afin que je puisse reconquérir une certaine aisance physique et morale. Ajuster l'extérieur à mon corps. C'est non seulement un droit, c'est un devoir que je m'impose, car la vie personnelle, professionnelle, familiale et sociale en dépend. Voilà des «contre» à opposer efficacement à la maladie.

Cependant, cette maladie a des «pour». Elle a des alliés, des supers à part ça. Il y a d'abord le tempo, le rythme effarant de la vie d'aujourd'hui. Il y a aussi la recherche matérialiste du confort et des biens, le désir de compétition les uns contre les autres. La publicité et l'invitation à la consommation, font que, malgré soi, on se laisse entraîner dans un tourbillon de vitesse, de temps à rattraper, de multiples tâches à effectuer. Tout le monde s'essouffle, se rattrape, se rejoint, se surpasse, se dépasse pour arriver à quoi, en bout de ligne? Nul ne le sait vraiment, jusqu'à ce que la fatigue, le stress, le manque de vitalité et d'énergie nous terrassent. Je l'avoue, les premières années de mon combat, je n'ai pas échappé à la règle.

C'est encore et toujours une roue qui tourne, comme un manège invitant à la musique, aux surprises, à la découverte... Quand mon corps et tout mon système lâchent prise, heureusement, à chaque fois, à chaque crise, à chaque secousse, je me suis toujours dit: «Il n'est pas trop tard». Je me mets au ralenti. D'ailleurs, ai-je le choix? Je me regarde vivre, je fais le bilan. Je regarde où je suis et je fais le point. Je regarde quelles cartes j'ai dans mon jeu. Parfois, il n'y a pas beaucoup d'as, mais la partie ne se gagne qu'à la toute fin, pas vrai?

Je concentre tout mon peu d'énergie à me reprendre en main et je me répète: «Suzanne, tu t'accueilles aujourd'hui avec amour et tendresse, sans penser à ce que tu étais hier et sans crainte de ce que tu seras demain». C'est l'attitude que je cultive comme une rose rare et précieuse. C'est le principe de vivre une demi-heure à la fois et d'obliger ceux qui m'aiment et ceux qui me côtoient à faire de même.

Je pense que l'arthrite trouve en moi à la fois ses meilleures alliés (attitudes contre) et ses pires adversaires (attitudes pour). J'en suis bien consciente et je mets chaque matin une intention louable à améliorer cet état de choses. Avec les «contre», je grimpe assidûment l'échelle, en éliminant de plus en plus les «pour» qui veulent me tirer en arrière. Jamais je ne reviens sur mes pas! Chaque marche escaladée doit être de plus en plus solide, du moins mentalement, si ce n'est pas toujours physiquement.

Chez moi, au travail, chez des amis, à l'hôpital, partout, je livre le combat. Prenons par exemple l'hôpital. Je choisis peut-être cet exemple parce que j'y suis présentement et que, depuis les dix-huit derniers mois, j'y suis venue huit fois. Je ne fais pas le décompte pour les vingt dernières années. Vous comprenez pourquoi.

Dans ce milieu, tout est authentique. La douleur ne se masque plus. Elle montre son vrai visage. Elle se montre toute nue et cette absence d'artifice me laisse à chaque fois ahurie, sans défense, admirative, ravagée, confiante et remplie d'espoir. Vivre, mourir, espérer, chacun à sa façon jongle avec ces réalités qu'il partage par bravade parfois, mais par nécessité, toujours.

J'ai connu tant de misères et tant de chaleur humaine aussi, dans ce milieu. Des morceaux de ma vie s'assemblent et je me rappelle cette infirmière qui reste avec moi, en attendant une chirurgie qui tarde. Finalement, à deux heures de l'après-midi, elle est là pour m'aider à m'allonger sur la civière et me donner la main en me disant que tout ira très bien. Et je revois cette autre qui m'apporte du sucre à la crème, pour me gâter et me dire que le pire est passé. La veille, elle avait assisté à ma première transfusion de sang. Il y a aussi cet infirmier

31

qui, un certain soir, m'a répondu à l'intercom et qui est accouru à mon appel, pour effacer la peur que ma voisine de chambre avait fait naître en me disant que, comme son père, mon «sang virait en eau». Cet infirmier m'a doucement rassurée, au seuil de la nuit qui venait. Il m'a parlé de la patience, de la confiance et du courage. Il a concrétisé ma foi, en me mettant dans les mains le chapelet que j'avais oublié sur ma table de chevet. Et il y a encore cette femme de mon âge, qui fait l'entretien des chambres que je retrouve chaque fois que je suis hospitalisée et avec qui je partage le vécu de nos adolescents.

Tant et tant de grandes femmes et de grands hommes. Celui de 27 ans, qui pariait chaque matin sur mon taux d'hémoglobine, pendant que, dans sa gorge, le cancer rongeait ses forces et sa vie. Cette grande dame, Alice, qui pleurait parce que moi, je pouvais encore me faire belle pour accueillir mon mari, tandis qu'elle, elle était confinée à son lit et à sa perte d'autonomie.

Il y a eu cette religieuse qui m'a montré à faire des jeux de mots compliqués et cette grand-maman qui me comptait des histoires, ma foi, assez osées et olé olé. Il y a eu cette femme amputée qui, endormie par les calmants, s'était dénudée jusqu'à la taille. Par respect, j'avais tiré son rideau pour préserver son intimité. Le personnel n'avait rien vu ou n'avait pas eu le temps de voir. Il y a eu cette demoiselle de quatre-vingt-deux ans, sans famille, qui, confuse à certains moments, avait tellement apprécié mes visiteurs et les beignes à la crème que Pierre avait apportés.

Il y a eu aussi cette fois unique où, avec d'autres patients, j'ai dû dormir dans la chapelle parce qu'il n'y avait plus de lits disponibles dans les étages et à l'urgence. L'empressement d'un personnel surchargé, la sollicitude des autres malades se manifestant selon leurs capacités, m'ont encouragée et sauvée. Un monsieur, victime d'un malaise cardiaque, sonnait pour moi parce que je n'avais pas de cloche. Une dame diabétique, en allant faire son test de glycémie, mettait son petit banc pour descendre de la civière, près de la mienne en attendant. Engourdie par les heures qui s'écoulaient, complètement recroquevillée sur ce matelas si mince, j'étais à la merci du bon vouloir des autres. La tête tout contre l'autel, le regard fixé sur la grande croix dorée, je n'ai jamais pu m'assoupir cette nuit-là. Ça cognait trop fort dans ma tête et dans mes os. Et ces battements se répercutaient tout le long de ma colonne, tout le long de ces souffrances diverses qui, en se mêlant, créaient un réseau clandestin de solidarité et de vainqueurs.

Rejeter toutes ces images et ces souvenirs, ne jamais en parler, serait agir contre mon problème de santé. Ce serait ignorer une réalité qui existe peut-être dans le monde pour que ce dernier, justement, ne s'éteigne pas dans la noirceur.

Accueillir toutes ces expériences, c'est travailler pour le succès, l'avenir, la réussite. C'est croiser la fraternité généreuse d'hommes et de femmes beaucoup plus avancés que moi dans le cheminement du gros bon sens et de la sagesse. C'est apprendre studieusement chaque leçon que l'on se donne la peine de m'enseigner, même à l'insu du professeur.

Comme dans un écheveau de laine blanche et noire, les «pour» et les «contre» de ma vie tissent la longévité de celle-ci. Il ne tient qu'à moi de retenir et de tresser la couleur la plus positive.

4

Je suis femme

Plus je le frappe, plus je me fais mal. C'est mon cœur qu'il habite.

Félix Leclerc

Je suis arthritique. Mais je ne suis pas que cela. C'est une partie importante de moi-même, d'accord, mais je suis avant tout une femme.

À vingt-deux ans, lorsque la douleur surgit, accompagnant une enflure chaude et rouge à mon poignet, ou à mon épaule, ou mon genou... je ne comprends pas parce que je ne sais pas encore. La jeunesse fait bien son œuvre et je ne m'y arrête pas trop. Pendant des années, j'ai continué de porter les souliers et les tenues vestimentaires à la mode, même s'il y avait l'inconfort et tellement de malaises par la suite, pour des heures et des heures. Tout cela, au nom de la fierté et de l'élégance.

Aujourd'hui, j'apprends à concilier le confort et une certaine allure, un «look» qui me donne quand même satisfaction, malgré tous les à-côtés. Car vous savez, tout entre en ligne de compte : la grosseur de ma bourse, la longueur de mes jupes, les souliers à talons plats et bouts larges pour y prévoir des semelles appropriées, bottes antidérapantes, blouses, robes et manteaux avec des attaches faciles. Quel boulot de boutonner une paire de jeans avec des doigts raides, croches et sans force !

Il fut même un temps, avant que je subisse une chirurgie pour remplacer les quatre jointures de la main droite, où je ne pouvais plus porter de gants, mais seulement des mitaines. Aujourd'hui, je dois choisir des boucles d'oreilles avec des attaches simples, même avec les oreilles percées. Ainsi, mes choix, même les plus infimes, sont continuellement remis en question par des réalités et des détails anodins. Ma coiffure est aussi étudiée en fonction de la mobilité de mes bras. Il faut que ce soit facile et que ça ne mette pas en évidence ma «rosette», car je ne peux la corriger toute seule. À certains moments, je ne peux même pas vaporiser du fixatif sur mon toupet, car la force des jointures n'y est plus.

Ce que je décris, c'est le «paraître», le physique. C'est mon corps qui peut perdre vingt-cinq à trente livres tellement il devient vide d'énergie, à bout de force, fatigué jusqu'à l'extrême, en arrivant au point de ne plus se nourrir que de douleurs et de souffrances. Et ce même corps peut parfois reprendre formes et courbes, sous l'effet d'une médication quelconque. Et ainsi, il arrive parfois que des gens qui ne m'ont pas vue depuis un certain temps ne me reconnaissent pas au premier abord. Comment peut-il en être autrement? Moi-même, certains jours, je reconnais à peine mon expression dans le miroir. Ma peau, la forme de mon visage, tout, en somme, se modifie et l'adaptation est à reconquérir chaque matin. Il y a les fameuses rougeurs, ces belles joues rondes et roses (face de lune) qui font dire aux autres : «Comme tu as l'air bien et en santé!». Ajoutons encore l'enflure du ventre ou de toute autre partie de mon corps sur laquelle je n'ai absolument aucun contrôle.

Une autre fois, c'est mon système pileux qui se trouve modifié. Si tantôt je perds mes cheveux en période de grande faiblesse, tantôt je peux les faire allonger un peu, car ils sont plus épais. Mais... les poils sur tout le corps et surtout sur le visage sont aussi plus nombreux. Pendant que je prends des doses massives d'un médicament «X», l'esthéticienne préfère ne pas intervenir, car tout peut rentrer dans l'ordre... après. Je dois attendre six mois après l'arrêt définitif du traitement pour voir si les effets se résorbent d'eux-mêmes.

En attendant, je pars donc à la recherche de produits miraculeux pour teindre ces poils superflus, surtout ceux au-dessus de la lèvre supérieure. Je sais qu'en me voyant, les autres adultes remarquent, se désolent et se taisent. Et je n'oublie pas cette petite fille de trois ans qui, assise sur mes genoux, un beau soir, est venue, le plus naturellement du monde, mettre son petit index sous mon nez, en me demandant : «Pourquoi est-ce que toi tu as une moustache?» Silence, gêne et horreur presque des adultes présents. Et moi... en refoulant le boule au fond de ma gorge, je serre plus fort cette enfant sur mon cœur en lui expliquant que je dois prendre des pilules qui me donnent cette moustache, mais qu'un jour je n'en aurai plus, car je n'aurai plus besoin de ce médicament.

Et... je me souviens également que cette nuit-là, j'ai pleuré... La cruauté des mots d'un enfant est plus admissible, pardonnable, compréhensible. «La vérité sort de leur bouche», mais... elle n'en fait pas moins mal.

C'est vrai que je ne peux que vivre ces changements et les regarder, impuissante à les freiner, mais j'accepte de les vivre parce que c'est pour mon bien et temporairement. Surtout, j'essaie de ne pas oublier, à ce moment-là, que lorsque le rhumatologue et moi en sommes arrivés à mettre sur pied ce traitement, c'est qu'il n'y avait plus d'autres choix... j'avais suffisamment attendu.

Supprimer la douleur devient, un beau jour, le but ultime à atteindre.

J'ai refusé, retardé pendant des années l'usage de médicaments dont j'avais peur, parce que je ne connaissais d'eux que les préjugés qu'on en avait. Quand j'ai vu pour la première fois le mot «chimiothérapie» sur mon flacon de pilules, j'ai sursauté, même si on m'avait expliqué, mais... j'ai requestionné, refusé, attendu encore... Et la douleur m'a eue... Je maigrissais, mon anémie augmentait, je n'avais plus de fer, de B-12 dans mon système, j'avais du liquide entre le cœur et l'enveloppe du cœur, j'avais besoin de calcium, je prenais des suppléments nutritifs, j'essayais de bien m'alimenter. Je rejetais les médicaments proposés. Plusieurs m'intoxiquaient. Toutes les solutions possibles et imaginables étaient suggérées. La médecine cherchait activement la formule magique... Puis, un beau jour, après sept hospitalisations en un an et demi, je me suis redit encore une fois : «fini les folies». Il fallait trouver une solution... C'était de l'ESPOIR jamais démenti.

J'ai regardé longuement ma qualité de vie. J'avais subi une hystérectomie, j'avais reçu de multiples traitements et voilà que des complications de vasculites rhumatoïdes (ulcères aux orteils) faisaient leur apparition. J'ai fait la connaissance d'un appareil sophistiqué, le séparateur de cellules (Plasma Phérèse) qui remplaçait, par programmation d'ordinateur, le plasma de mon sang par un liquide contenant de l'albumine. La médecine moderne voulait jouer sur mes anticorps et protéger mon système immunitaire. ˙

Dans ce vaste tourbillon d'essais et de recherches, j'ai questionné. On m'a encore longuement expliqué. J'ai requestionné... et j'ai apprivoisé... j'ai osé! Pour les spécialistes qui me regardaient tantôt maigrichonne, tantôt bouffie, avec vingt à trente livres de plus ou de moins, c'était en apparence si simple et cela semblait avoir si peu d'importance. Mais, avec moi, eux aussi espéraient la victoire.

En tant que femme, je me regarde, je me compare, je me souviens. Comme le Petit Prince de Saint-Exupéry, je me dis «que l'essentiel est invisible pour les yeux...», que ce qui importe, c'est de continuer à chercher le monde derrière ce monde. Comme femme, il faut que je concentre toute ma volonté à regarder ce «dedans» qui est plus fort et plus important que ce «dehors». Ce que je suis, c'est ce que je pense, c'est ce que je lis, ce sont mes pensées positives, c'est ce que je ressens, c'est ce que j'exprime et c'est ce que je vis. Le reste... c'est comme de la poussière qui disparaît aux yeux des vrais amis, de ceux qui m'aiment vraiment et m'acceptent telle que je suis.

Tout ce que je viens de décrire, je le vis relativement seule, car je m'appartiens d'abord. Des hauts et des bas, des doutes, des élans de confiance, des contradictions pour aboutir finalement tout en haut de la théorie d'Abraham Maslow, l'un des pères de la psychologie transpersonnelle. Ce dernier décrit une sorte de pyramide où, partant de la base, les besoins primaires essentiels doivent être comblés avant de pouvoir atteindre le palier supérieur suivant. Ainsi, il faut manger, bien dormir, avoir une certaine sécurité matérielle, affective, amoureuse, avant d'en arriver au dernier besoin qui est celui de la créativité. Se réaliser, créer une œuvre...

Comme femme, comment puis-je vous dire et vous faire toucher du doigt et du cœur, que c'est à travers ma maladie que je me réalise le plus? En participant à des concours littéraires, et en gagnant des premiers prix, j'ai réalisé qu'en osant exprimer ce que je vivais, je pouvais non seulement rejoindre les autres, mais d'abord et surtout m'assumer, assumer de petits projets, à la mesure de mes capacités d'expression écrites et orales. Car des demandes de témoignages se concrétisent encore aujourd'hui sur ce qu'est «Vivre avec l'arthrite» pour moi. J'ose... et quand, toute étonnée, je vois des salles entières se lever pour communier si chaleureusement à mon vécu si simple et si ordinaire, quand des liens se tissent, quand je goûte à des larmes et à des sourires, je me sens enveloppée d'une vigueur et d'une énergie nouvelles. Le don de moi-même m'est finalement plus profitable qu'à tous ceux qui m'entendent, qui m'écoutent. C'est une véritable thérapie du corps, du cœur et de l'âme.

Je ne dirai jamais assez «merci» à ceux et celles qui en ont été les artisans, car ils sont venus m'aider à confirmer qu'aucune contrainte ne doit m'arrêter définitivement. Oh! elle peut me ralentir, me faire plier l'échine, me faire voir la lueur d'espoir très loin au bout du tunnel. Comme certains tunnels sont beaucoup plus longs que d'autres, il faut que j'apprenne la patience, la tolérance, la bonne humeur et l'humour. Je le répète, je ne vis jamais rien pour rien. Parfois, il est difficile de comprendre sur le moment, mais il arrive toujours un temps, que ce soit six mois, six ans ou vingt ans plus tard, où le tout se lie et se met en place en apportant calme, repos, sérénité. Me débattre, vouloir faire des détours, me ramènent toujours à la case départ. Je continue de développer ma réceptivité pour accueillir les hasards de ma vie comme autant de cadeaux destinés à m'aider à accomplir mon destin de femme.

Je repars à chaque fois avec mes accessoires (prothèses, canne, coussin rembourré) et je continue d'aller au restaurant, chez des amis, à l'aréna, à la pharmacie, je vais faire un peu de magasinage et j'essaie de ne pas me laisser distancer. Je ne me permets pas de vivre en marge de la société et de la vie. Du moins, je ne me le permets pas trop longtemps. Juste le temps d'une pause, pour reconnaître mes limites, poser mes balises et croire fortement qu'un jour, je pourrai récupérer ce que j'ai perdu. Sinon, il faudra travailler à agrandir mon champ d'exploration dans d'autres secteurs ou d'autres activités.

Pour moi, souffrir d'arthrite et être femme, c'est subir des déformations que je m'efforce de combattre de toutes les manières possibles. Je contemple, songeuse parfois, ma belle bague, qui vient plutôt accentuer la déformation «en col de cygne» de ma main, plutôt que de mettre en valeur des doigts longs et effilés. Mais je la porte avec joie quand même, parce qu'avant tout, elle est le gage de purs sentiments. Cet or et ces diamants ne brillent jamais avec autant d'éclat pour moi que les intentions de celui qui me les a offerts. Les valeurs de l'amour, de l'amitié, du don gratuit qui n'attendent jamais de retour. Je suis allée à la dure école du cheminement de vie, et je réalise que je n'ai ni temps, ni intérêt à perdre en vains efforts. Il faut que j'aille tout de suite droit au but, à l'essentiel des êtres et des événements qui croisent ou longent ma route.

Comme femme, la lueur d'espoir est loin parfois, mais elle est toujours là. Elle me semble bien vacillante et presque inatteignable aux heures les plus cruciales. Quand la douleur intolérable me fait déserter mon lit, la nuit, ma petite famille et moi devons penser à installer, dans le salon, un demi-lit pour que je ne dérange pas et n'hypothèque pas le travail et les études de ceux qui continuent le lendemain. Quitter le lit conjugal et être à la seule portée des manettes de vidéo pour distraire mes pensées, c'est le déchirement suprême de la femme que je suis. Ne plus être en mesure de lire, d'écrire, de bouger, de me lever, me laver, m'habiller, me peigner, me maquiller. Ne plus pouvoir manger, parler, raconter, inventer, aimer, presque ne plus pouvoir exister, tel est, à certains moments, mon lot de femme.

Mais la femme que je veux être s'oblige à relever la tête même en se soutenant le cou. Je m'oblige à continuer d'avancer. Je m'accroche, je m'assouplis, je me souris. À travers la raideur de la maladie, je deviens une femme agile, ouverte et pleinement consciente d'être à la recherche du charme et de la beauté. Ce qui me ramène toujours l'espoir, c'est toute ma pensée, mon imagination, la pratique d'un genre de visualisation. Je suis envahie par la chaleur réconfortante des gens qui me secondent et m'accompagnent. Surtout, je sens véritablement que je ne suis jamais seule. J'imagine le doux frôlement des ailes d'une petite colombe bleue qui, se fondant dans l'azur, m'invite à ne jamais, mais alors là, à ne jamais lâcher.

5

Je suis amoureuse

L'amour ne regarde pas avec les yeux mais avec l'âme.

Shakespeare

Lorsque j'ai rencontré Pierre, je venais d'avoir vingt ans. Le travail, l'avenir, la vie, tout semblait prometteur, autant pour lui que pour moi, même si nous avions vraiment deux bagages très différents. Il a fallu, dès le départ, beaucoup de concessions, de dialogue, de confiance et de liberté pour nous réunir sur un même tracé de vie. Pierre a commencé à travailler très jeune, vers seize ans ; il n'aimait pas beaucoup les livres et devenait de plus en plus un adepte de la culture physique. Moi, j'ai étudié jusqu'à vingt-deux ans. Lire et écrire ont toujours été ma passion et je n'étais pas une mordue des sports ou des activités physiques à long terme.

Lorsque après à peine six mois de mariage, les premières douleurs ont fait leur apparition, nous étions à vingt-deux et vingt-trois ans, comme des enfants étonnés, pris par surprise par le mystère et l'inconnu. Et, deux ans plus tard, le diagnostic établi, nous n'étions pas tout à fait conscients de l'hypothèque que le côté chronique et invalidant de l'arthrite venait apporter à notre futur. C'est ainsi que, tranquillement, nous avons dû encaisser les coups soudains et inattendus que mon état de santé allait nous donner. Nous les avons pris un à la fois, au meilleur de notre connaissance, sans panique, en mêlant nos forces tantôt physiques et tantôt morales.

Je crois que je deviens, au fil de la vie, ce que les gens et les événements impriment en moi, quoique je sois bien inconsciente la plupart du temps de la force de cette grande influence. Pierre et moi avons appris ensemble à cheminer avec la maladie. J'ai toujours voulu et essayé de faire en sorte qu'il ne vive pas à ma place ce que j'avais à vivre. Lui, comme mes enfants plus tard, comme les membres de ma famille, comme mes amis, comme ceux avec qui je travaille, n'ont pas à vivre à mon rythme. Personne, encore moins celui que j'aime, n'a à restreindre en quoi que ce soit ce qu'il a à vivre à cause de moi. Cependant, il est indéniable que sa façon de voir et de réagir, que sa personnalité et même son caractère vif et enjoué, font en sorte qu'il m'a toujours soutenue et secondée presque de manière inconditionnelle.

Ses conseils en alimentation, en suppléments nutritifs, ses obligations, certains soirs, de me faire faire mes exercices pour réussir, par exemple, à relever mes épaules, tout cela a toujours dénoté chez lui un grand désir de m'aider mais non de s'apitoyer. Fatiguée, déroutée, en larmes, je me souviens, les premières années, lui avoir dit, choquée par son insistance, combien il ne comprenait rien, et combien il ne pouvait se douter, ne serait-ce qu'une seule seconde, de ce que je souffrais... Que de mots que j'aimerais avoir retenus parfois... Cependant, rien ne nous a arrêtés... Nous avons ainsi développé une technique, une ligne de conduite que je décrirais comme ceci encore aujourd'hui : «J'essaie d'abord jusqu'à la limite de ma capacité. Au-delà de cette limite, je développe l'humilité de demander de l'aide à la personne la plus proche ou la plus apte à me dépanner.»

Si je prends une heure à arranger ma chambre, le matin, le temps importe peu. Ce qui compte, c'est d'avoir réussi à le faire et c'est toujours ainsi en tout : pour débarrasser la laveuse à vaisselle, laver le lavabo, plier des serviettes, desservir la table, pour ouvrir une porte d'armoire ou celle de la maison, pour peler ou piler les patates, pour couper les légumes, pour ramasser une poussière ou un livre, pour tirer ma chaise, pour décapuchonner mon stylo, pour me vêtir, mettre un manteau et l'attacher, pour aller marcher au grand air, pour respirer le parfum des fleurs, pour aller rejoindre quelqu'un, pour me pencher sur un berceau, pour donner la main ou la déposer sur une épaule, pour me laisser prendre dans des bras, pour mettre les miens autour d'un cou. En résumé, pour le plus infime mouvement de la vie, l'effort devient conscient et comme multiplié par cent. Dire que je ne prête plus attention à tous ces gestes, quand je n'ai plus mal, c'est faux. Mais la vie est bien faite. Je ne réussis jamais à tout oublier. Juste assez, cependant, pour reprendre le rythme des jours qui passent. Réussir tous ces petits exploits est primordial pour moi. Ça me donne le sentiment étrange et complexe d'être encore à bord du bateau de l'existence.

Je pense sincèrement que, si je n'ai pas davantage de difformités ou de limitations articulaires, que si je n'ai subi que deux chirurgies majeures (à la main droite et aux pieds) jusqu'à ce jour (après vingt ans), c'est le résultat d'un bon programme de physiothérapie et d'ergothérapie, mais aussi le magnifique résultat d'une complicité sans faille entre Pierre et moi. C'est un partage tout simple : il m'aime ! je l'aime ! Comment le dire et l'expliquer autrement ?

Vous le savez maintenant, je ne prends jamais rien pour acquis définitivement, surtout pas en amour.

Chaque matin, je dois déployer ma volonté et faire de grandioses efforts pour conserver seulement ce que j'ai et réussir, sans trop de pertes, à passer à travers une journée toute simple, tissée de lenteur et de raideur. Avec une certaine pudeur, je veux bien ici vous avouer que tout cela se vit profondément, jusque dans les gestes les plus intimes de l'amour... Imaginez... Oui, imaginez...

Vous savez, une douce caresse dans le cou ou un furtif baiser sur la joue me donne parfois l'impression que ma mâchoire va craquer ou que tous les os de mes épaules vont se disloquer. Que d'efforts et de douceur pour expliquer mes reculs, des mouvements instinctifs, dans le seul but de me protéger. Que de tendresse, de complicité, de partage il faut renouveler patiemment! Seul notre amour a su, à travers les hauts et les bas, à travers les moments forts et faibles, à travers les mouvements souples et rigides, oui, seul notre amour a su protéger notre couple. Aujourd'hui, ce couple dans la quarantaine rit, pleure, apprend encore, argumente, réajuste régulièrement sa trajectoire. Il est heureux à sa façon. La femme arthritique que je suis est comblée et, sans prétention, je pense pouvoir avouer que mon conjoint l'est aussi. La maladie nous a épargné l'égoïsme, le superficiel, le qu'en-dira-t-on. Elle nous a enseigné une certaine authenticité, car arrive toujours le moment de vérité où la tricherie, les faux-fuyants et les peurs doivent faire face à la réalité et cela, de façon positive et enrichissante. Notre amour connaît ainsi la plus belle version d'une vraie passion.

Notre quotidien se vit selon la même pensée. Je ne peux accompagner Pierre dans plusieurs activités ou sorties, parfois. Mais je sais qu'il me sait près de lui et la réciprocité est tout aussi réelle. Nous sommes peut-être des romantiques, mais chaque geste, chaque surprise, chaque cadeau a un sens bien particulier. En silence, nous les collectionnons tout au fond de notre mémoire. Par exemple, quand Pierre m'apporte la première petite fleur bleue éclose en tout début de printemps, c'est, entre nous, comme un message discret. De même, si avec bonne humeur, je veux et je réussis assez vite à chausser mes bons souliers pour aller avec lui manger un beigne, le vendredi soir, nous savourons ensemble un moment intense de détente et de satisfaction. Faire plaisir à l'autre, demeurer à son écoute. Nous n'avons pas besoin de mots. L'action, à elle seule, porte sa grandeur et suffit à notre bonheur. Nous sommes toujours si bien ensemble.

Pour vous donner un autre exemple, laissez-moi vous raconter une récente semaine de vacances à deux, pendant l'été de 1989. Aujourd'hui encore, nous en reparlons comme d'un rêve. Vous savez, ce genre de vacances, ces huit jours d'arrêt que l'on s'accorde et où tout semble vouloir contribuer à une parfaite réussite, sans faille, sans lacune, dans la paix de l'esprit et du cœur, pour ne se consacrer qu'à l'instant présent, celui qui passe et ne reviendra jamais. Dans notre vie de couple, il y a de ces moments magiques, rares et précieux, qui se vivent de part et d'autre, avec la même intensité. Ce sont des moments de pure perfection qui, lorsque nous nous les rappelons, apportent un baume de douceur sur n'importe quelle peine.

Pour ces vacances donc, les enfants bien encadrés (treize et seize ans) pour que la mère-poule que je suis s'éloigne l'esprit tranquille, Pierre et moi sommes partis, un samedi matin pluvieux, en Chevette, avec très peu de bagages, pour le Nouveau-Brunswick. Sans horaire, sans plan, sans projet plus précis que de nous détendre, prendre notre temps, faire de beaux pique-niques, profiter du grand air et, surtout, profiter de tout ce temps que nous osions défier, car j'étais en pleine crise d'arthrite. Disons que, durant cette semaine-là, ma cote d'intensité de douleur a dû osciller de 4 à 8 environ.

Vous comprendrez donc les multiples arrêts obligatoires pour me décramper les hanches et les jambes. Nous nous arrêtions très tôt, vers la fin de l'après-midi, car la fatigue prenait le dessus. Et, le lendemain matin, je devais me lever une heure avant Pierre pour la douche chaude, le léger maquillage, l'habillement, le choix des chaussures, etc. Ouf! Une journée d'efforts déjà, avant de débuter la vraie journée de la vraie vie...

Je me souviens que nous avons marché le long des vagues, nous avons mangé au soleil dans des relais bien aménagés, nous avons visité la nature, des musées, des centres d'achats et des boutiques d'antiquités. Nous avons parlé. Nous avons ri. Nous nous sommes perdus dans de petites routes de campagne. Nous avons vécu au même rythme, c'est-à-dire au mien, et cela a été une redécouverte, pour tous les deux, une fois de plus. Pierre a pu mesurer l'ampleur de mes difficultés et moi, je n'ai eu d'autre choix que de les partager avec lui à cent pour cent, sans masque, sans quotidien, sans le tourbillon du travail et des obligations sociales. Collés l'un à l'autre, vingt-quatre heures sur vingt-quatre, nous avons encore beaucoup appris, surtout à propos de mon besoin d'autonomie et sur la recherche des moyens susceptibles de me l'accorder. Nous avons fait une bonne mise à jour.

Quand je me levais de ma chaise, au restaurant, pour me soutenir, je m'appuyais fortement sur la table avec mes avant-bras... et il me semblait énorme le tinte-ment de la salière et de la poivrière qui s'entrecho-quaient, parce que la petite table penchait. Ouvrir et garder ouverte la porte de l'auto ou la porte des toilettes publiques, quel contrat! Marcher seule, sur un gazon ou un trottoir inégal, quelle aventure! Il faut que je vous explique ou plutôt que j'essaie de vous décrire comment je me sens lorsque je dois, comme si de rien n'était, continuer de penser, parler, marcher, sourire, admirer, regarder, changer de position, etc. et que tous les os me font mal, des pieds à la tête.

C'est comme si un épais manteau de plomb, avec capuchon s'il vous plaît, pesait lourdement sur tout mon corps. Ou encore, ce sont comme des vagues de flammes dans le sang, qui bouillonnent des chevilles aux tempes. Ou encore, il me semble que tous mes nerfs et mes muscles se liquéfient peu à peu, me laissant sans force et sans ressort. Ou alors, et là c'est le pire, ce sont des milliers d'aiguilles ou de pointes de couteaux qui se tor-dent au cœur de mes os, à chaque mouvement, à chaque pénible tentative pour soulager une articulation.

Peut-être vous est-il plus facile de comprendre qu'à ces heures, l'essoufflement, la fatigue arrivent toujours trop tôt et que le rire meurt toujours trop vite. Mais il en reste quelque chose : la satisfaction d'avoir prolongé l'effort pour continuer de bouger et de vivre. Pas un effort de «superwoman» mettant en danger un équilibre chèrement acquis, mais un effort constant, régulier, ras-surant, qui m'amène à de petites victoires dans cette liberté, cette autonomie que je revendiquerai toujours, chaque jour de ma vie.

Pendant cette magnifique semaine de vacances, j'ai encore osé aller plus loin, en distance et en expériences.

Je me dis toujours : «Avoir mal chez moi et ne penser qu'à cela, ou avoir mal ailleurs ; l'ailleurs m'offre au moins l'avantage du nouveau, de l'imprévu, des rencontres, qui m'aident à sortir de moi-même. Cette démarche m'apporte ainsi un dérivatif, un temps immobile, d'oubli parfois, ne serait-ce que pour quelques heures». C'est tout cela que Pierre et moi avons de nouveau partagé. Pierre est celui qui, le premier, vit le plus cette maladie avec moi, parce qu'au delà des mots, il constate à chaque instant, nuit et jour, tout le non-verbal de ce que je vis : crispations du visage, larmes retenues dans mes yeux hagards, insomnies, tremblement des mains, faiblesse du corps tout entier, la lourdeur et la lenteur des mouvements qui se veulent spontanés, la peur de tout et de tous...

Finalement, sur la «route des pionniers», déjà sur notre retour, nous nous sommes arrêtés à Saint-Jean-Port-Joli où nous avons admiré de nombreuses sculptures. C'est là que Pierre m'a offert un cadeau exceptionnel : une canne de marche. Sculptée dans du frêne, elle est légère. Surmontée d'une poignée faite d'une branche d'arbre, elle est petite, à la mesure de ma main et de mes doigts pour que la prise soit facile et meilleure. Ma première canne ! Un présent unique et symbolique qui venait me confirmer que celui qui me l'offrait avait bien compris et bien réalisé combien j'avais besoin d'être indépendante, même et surtout vis-à-vis de lui. Ma canne me donne de l'équilibre, de l'assurance, de la liberté. Elle devient un accessoire de plus, prolongement de moi-même, pour ménager mes forces, afin d'être debout plus longtemps et dans les meilleures conditions possibles, pour cette qualité de vie que je revendique si fréquemment, comme vous le voyez.

Ma canne fait partie de moi, du moins, pendant tout le temps où elle doit compenser un manque temporaire de sécurité et d'assurance. Ceci veut dire que je n'aurai probablement pas besoin de ma canne tous les jours du reste de ma vie! Non! J'espère et je crois qu'un beau matin, ça ira mieux. J'espère et je crois que viendra un temps où je pourrai la laisser dans un coin de ma chambre ou appuyée sagement au bahut de la cuisine. Mais elle ne sera jamais l'objet d'une défaite ou d'un recul. Elle sera toujours un instrument d'aide, de secours, pour des moments un peu plus pénibles à traverser.

Un jour, je regardais, à la télé, le programme «Visa Santé». On y interrogeait une jeune universitaire qui souffrait de polyarthrite rhumatoïde. J'admire, encore aujourd'hui, sa ténacité et son habileté à poursuivre ses études dans un contexte où l'on doit être si performant. Son témoignage était tout empreint de dignité et de maturité. Pourtant, une réponse m'a totalement surprise. À la fin de l'entrevue, on lui demandait si, dans l'avenir, elle se voyait peut-être en fauteuil roulant. Et sa réponse a été «oui». Vu la chronicité de cette maladie et, devant les années qui passent, cette jeune femme avait le réalisme d'avouer qu'un fauteuil roulant était le lot de son futur. C'était incroyable! Ahurissant! Jamais! Je n'ai jamais été d'accord avec cette façon de voir. Il ne faut jamais se voir dans une situation pire que celle du moment présent. Il faut toujours croire à une amélioration possible. Il faut lutter à chaque minute pour conserver ses acquis. Je ne me cache pas la vérité. Tout simplement, je ne peux abdiquer d'avance. Peut-être y a-t-il dans mon avenir, un fauteuil roulant. Peut-être... mais peut-être pas. Je n'anticipe jamais. Quand il sera à ma porte, s'il doit y être un jour, alors là je l'accueillerai, comme je le fais, aujourd'hui, pour ma canne. Je l'accepte comme un instrument, un outil. Comme l'instrument de musique libère l'âme des contraintes et des doutes, ma canne me libère des attentes vis-à-vis d'autrui pour ma survie quotidienne. Comme l'outil d'un charpentier, ma canne façonne ma démarche et mon destin. Je crois sincèrement qu'elle ne se blottira pas toujours dans la paume de ma main mais, tant qu'elle y sera, elle sera une partie de ma force et de mon succès.

Ma canne est surtout une preuve vivante et sécurisante de l'amour de Pierre pour moi. Cette preuve est plus tangible aux yeux de ceux qui nous regardent. Mais il y en a eu tellement d'autres, auparavant, dans l'intimité, la solitude, la chaleur de notre couple. Ce don de Pierre n'est pas exceptionnel. Il n'est qu'une étape dans le cheminement de nos deux vies ensemble.

Sans le lui avoir demandé je sais que si Pierre, un jour, doit me pousser en fauteuil roulant, ensemble nous trouverons l'attitude pour accepter, vivre et même avoir du plaisir à vivre à travers de nouvelles exigences. Pour l'instant, le présent nous suffit.

Nous nous donnons mutuellement. Grâce à lui, je me sens femme, femme aimée et aimante. Je me sens libre, légère. On dit qu'un destin d'homme ou de femme est tout tracé d'avance. Dans le film *Les oiseaux se cachent pour mourir*, la mère de Meggy l'oblige à faire face à sa douleur, à la mort de son fils. Elle lui dit à peu près ceci : «Je ne sais pas vraiment s'il existe une partie de notre vie où il serait possible d'avoir une influence sur les événements mais, en regardant la vie qui a été la mienne et les choix que j'aurais pu faire, qui peut dire si certains de ces choix avaient été différents, quelle vie serait la mienne aujourd'hui».

Je peux choisir d'aimer ou de ne pas aimer. Long-temps déjà, j'ai choisi Pierre et il m'a choisie. Mon souhait de femme est que la vie fasse en sorte qu'ensemble, nous partagions ce choix le plus longtemps possible.

6

Je suis mère

*Les enfants commencent par aimer leurs parents;
devenus grands, ils les jugent; parfois, ils leur
pardonnent.*

Oscar Wilde

Au moment où je commence à écrire ce chapitre, mes fils ont quatorze et dix-sept ans. Des adultes, ou presque. Selon les événements et l'atmosphère, tantôt ils sont protecteurs, tantôt ils ont besoin de protection. Tantôt rieurs et taquins, ils sont quelquefois dépassés par mes chagrins.

J'ai eu mes premières douleurs arthritiques avant ma première grossesse. Celle-ci s'étant déroulée très normalement et le mieux du monde, la crise qui suivit me prit un peu au dépourvu, mais je ne retournai voir le rhumatologue que deux mois après l'accouchement, obligée à cette démarche par le gynécologue, lors de ma visite à son bureau. Toute la batterie de tests et d'examens fut reprise. Lorsque Patrick eut cinq mois et qu'un beau matin, je l'ai confié à ma sœur Francine, je me doutais confusément que ma visite au CUSE*, ce jour-là, aurait un impact important dans ma vie. Pressentiment? Intuition?

Lorsque après m'avoir donné le diagnostic, le spécialiste me laissa toute seule sous un prétexte quelconque, dans un bureau anonyme aux couleurs neutres, avec seulement quelques dépliants d'information à ma portée, j'étais comme estomaquée. Je me suis sentie abandonnée

---

* CUSE (Centre universitaire de santé de l'Estrie) autrefois CHUS, centre hospitalier universitaire de Sherbrooke.

et je me suis mise à pleurer. J'étais dépassée, indécise, pas réellement concernée. J'étais comme en état de choc. Puis, la minute suivante, j'étais contente d'être toute seule, car c'était plus facile ainsi de me ressaisir et de me reprendre en main.

Quand le médecin revint, il ne me parla aucunement de mes yeux rougis. Il m'expliqua la médication de base et la nécessité de l'hospitalisation pour un bilan complet. Le reste, je l'ai oublié. Une seule image de cet entretien me reste en tête : sur un livret d'information qui retraçait l'histoire de la maladie et son évolution, il y avait, sur la page couverture, deux mains. Des mains extrêmement déformées, posées là, sur un fond brunâtre, comme détachées d'un corps ou du reste de la vie. De ce cercle visuel, comme embrouillé, que je n'ai jamais pu oublier, il y avait surtout une petite colombe bleue, qui, au-dessus de cette image irréaliste et blessante, apportait comme un souffle d'apaisement. C'était la première fois que je la voyais et je crois bien que c'est elle, ce jour-là, qui m'a véritablement consolée.

De retour à la maison, sans un mot, je suis allée directement au berceau de mon petit Patrick. Je l'ai pris et serré très fort dans mes bras. Ma sœur m'a regardée et j'ai tant bien que mal caché ma peur et mes pleurs. Dès cet instant, instinctivement, j'ai commencé à protéger les autres de ce que j'aurais à vivre. Non par bravade, ou parce que je ne leur faisais pas confiance. Non! C'était surtout pour que rien ne change. Je le réalise aujourd'hui, c'était une réaction pour me protéger d'abord de la peine et de la tristesse que ceux qui m'aiment éprouveraient. Et ce fut ainsi pendant très longtemps. Quand je répondais «oui» aux gens qui me demandaient si ça allait bien, j'étais sincère et je le suis encore aujourd'hui. Quand je réponds «oui, ça va bien», c'est automatiquement à mon cheminement intérieur que je me réfère. Si je suis bien dans ce que j'ai à vivre dans ma tête et dans mon cœur, le reste, c'est-à-dire mon corps, devient comme secondaire, même s'il est souffrant. Ce qui prime, pour moi, c'est la recherche continuelle d'une certaine sérénité. C'est un autre gage précieux de ma survie.

Je suis allée à l'hôpital. J'ai fait la connaissance des premiers essais pour trouver l'anti-inflammatoire approprié, avec la dose requise, pour un soulagement maximum. Un médicament que je prenais à raison de 50 mg par jour, à cette époque; aujourd'hui, il est dosé à 1000 mg par jour.

J'ai connu une bonne période de rémission et, malgré les recommandations médicales, j'accouchai d'un deuxième fils, trois ans plus tard. Cette grossesse fut très douloureuse et, pour le bien-être de notre futur bébé, je n'avais droit à aucune médication. Quand Frédéric est né, parfaitement en forme, j'ai été la plus heureuse des mères... et, à cause des douleurs effarantes et aiguës au bassin, aux hanches, aux jambes, je me souviens d'avoir été cinquante-deux heures sans dormir. Je ne regrette absolument rien, au contraire. Ces deux enfants sont probablement à l'origine de beaucoup d'efforts pour en arriver à un certain dépassement de moi-même, pour que je réussisse à demeurer à leur hauteur, sans me laisser distancer, ni me laisser mettre de côté.

Aujourd'hui, ces deux grands adolescents me regardent vivre... Ils ont toujours vécu avec la maladie de leur mère. Insouciants et inconscients dans leur enfance, il était pourtant naturel pour eux de m'offrir aide et affection dans des moments difficiles. Comme par exemple, pousser ma chaise, lacer mes souliers, soulever mon livre de lecture, m'apporter un pouf ou un oreiller, etc. Touchants dans leur sollicitude, ils retournaient ensuite à leurs jeux. Cela faisait partie de leur petite vie et cette même vie continuait inlassablement à s'écouler, tout doucement, comme un frais ruisseau d'été ou plus tumultueusement parfois, comme aux débâcles du printemps.

Aujourd'hui, ils me regardent vivre... et ils sont devenus conscients de mon vécu. Et, parce qu'ils sont devenus conscients de ma vulnérabilité, alors je dois apprendre à la partager avec eux. Je dois expliquer, raconter, rassurer, consoler, démontrer que ce n'est pas toujours le physique qui flanche. Je dois simplement leur faire sentir que, moralement, je suis toujours là pour eux et leur vécu, heureux ou malheureux. Même si je m'appuie sur une canne, ou si je suis dans un fauteuil roulant ou allongée sur un lit d'hôpital, je suis là... toujours là pour eux... à jamais attentive et réceptive aux moindres signes de confidence et de demande d'écoute. Mais eux, ils veulent me protéger à leur tour. Alors je me dis qu'un jour, ils réaliseront que ma véritable force réside dans la volonté d'avancer toujours de plus en plus loin, même si c'est d'un pas de tortue.

Toute seule, à leur insu, souvent je les observe et je me surprends à revoir certaines scènes de leurs jeunes vies. Quand ils ne faisaient pas encore leur nuit, Pierre les levait et les installait sur la table entre deux oreillers, quand c'était l'heure du boire. Péniblement, tout le long de mon grand bureau de chambre, je m'appuyais fortement sur mes avant-bras, pour finalement réussir à me redresser pour péniblement me rendre jusqu'à eux, dans la cuisine. Ne pouvant les tenir dans mes bras, pour bien leur faire sentir que j'étais là, je caressais tout doucement leurs joues pendant qu'ils buvaient... et je chantais faiblement une berceuse. Mais peu importe le ton de la chanson, l'important était que je sois là. Et il en a toujours été ainsi, à la maison, pour l'école, pour l'hôpital, pour les jeux, pour les voyages, pour leurs succès ou pour leurs défaites. Du moins, c'est ce que moi j'ai toujours essayé de vivre.

Ils ont chacun leur personnalité, bien entendu. Chacun leur caractère. Chacun leur manière de réagir. Dans l'apprentissage que nous avons amorcé avec l'adolescence, d'essayer de partager nos vécus, j'imagine que nous ressemblons à toutes les petites familles de bonne volonté qui tentent, avec des hauts et des bas, de réussir plus souvent que d'échouer. Je pense que c'est normal.

Patrick et Frédéric sont, à mes yeux du moins, des gagnants. Ils ne sont pas des gagnants naturels, c'est-à-dire que la facilité et le talent ne leur apportent jamais tout cuit dans le bec. Ils avancent dans la vie, avec ce que j'appellerais «du cœur au ventre». Ils travaillent fort, ils discutent, ils revendiquent, exigent, osent... et font des erreurs. Chacun à leur manière, ils apprivoisent la vie, les événements qui la composent. À mes yeux, ils sont beaux et vous me direz, bien sûr, vous êtes leur mère. Mais la beauté que je leur reconnais surtout, c'est celle de cette forme de victoire qu'ils acquièrent dans la réussite, oui, mais surtout dans l'échec. C'est aussi cette attitude de relever les défis et de continuer par la suite, le plus simplement possible, leur chemin respectif, en demeurant fidèles à eux-mêmes, en demeurant authentiques, surtout envers leur moi intérieur. Ce que j'espère, c'est qu'ils gardent et développent pendant toute leur existence cette capacité d'aller à l'essentiel, sans jamais se laisser influencer par le qu'en-dira-t-on ou par l'image que la société voudrait leur imposer, parce qu'ils sont jeunes.

Tous les deux sont d'une très grande sensibilité, et donc, de jour en jour, de plus en plus conscients de mon vécu d'arthritique. Ils le manifestent de façon différente. Frédéric (quatorze ans) est d'une réceptivité et d'une délicatesse à toute épreuve. Il devine, il prévient, devance certains gestes d'aide, comme ouvrir les portières d'auto, présenter le manteau, ouvrir un pot, etc. Il apprend aussi à avoir de moins en moins peur de me faire mal en me touchant ou en m'approchant. Ses gestes d'affection sont devenus doux et réconfortants.

Khalil Gibran a déjà comparé les parents à un arc, qui devrait être ferme et solide pour projeter dans la joie, le plus loin possible et dans la meilleure direction, la flèche que représente leur enfant. Je me dis qu'avec mes pauvres forces, parfois je dois très mal réussir à tendre l'arc. Mais Frédéric lui-même réussit à m'aider à l'aider. Tout acte pouvant m'être profitable et faciliter ma vie sera vite consenti et exécuté par Frédéric. C'est comme si, naturellement, instinctivement, il savait quel mot prononcer, quel geste poser pour embellir la vie autour de lui. Et c'est peut-être une des grandes leçons de la maladie dans sa vie d'enfant. Des êtres chers et proches (sa mère, son frère, sa marraine) atteints de mal chronique ont peut-être contribué à faire de lui cet être exceptionnel qui a de la présence partout où il est, mais sans jamais s'imposer ni déranger. Une présence pleine de rires et de gaieté. Un jour, une amie et son fils m'avaient ramenée du bureau. J'avais peine à marcher toute seule. Quand ils m'ont aidée à descendre chez nous, dans l'abri d'auto, Frédéric était là avec un ou des amis, je ne me souviens plus. Encore aujourd'hui, cette amie me raconte que jamais, elle ne pourra oublier l'expression de son visage. Un enfant désorienté, peiné, silencieux, au regard interrogateur. Un enfant à qui on n'a pas de réponse à donner. Un enfant que l'on oblige à vieillir trop vite. Un fils qui, en regardant sa mère, s'empresse d'aller lui ouvrir la porte, pressentant et craignant le drame qui se dessine.

Frédéric est un joyeux luron. Ses mimiques, ses expressions, sa façon de raconter les anecdotes de l'école, du sport, provoquent autour de la table des éclats de rire spontanés. Inconsciemment, il déride nos fronts, il se fait complice de son grand frère. Il est là, aux aguets, heureux de vivre et d'aider sa mère à partager sa bonne humeur avec lui. Fort et discipliné, il m'enseigne la persévérance. Heureux, conquérant, il m'apporte consolation et repos. Je pourrai toujours compter sur lui.

Patrick, dix-sept ans, mon premier enfant, mon fils aîné. Désiré, souhaité, attendu. Aimé dès son premier mouvement dans mon ventre. Aimé à travers des nuits blanches, des heures d'attente, des espérances tous les jours renouvelées. Patrick, un enfant entier, sans détour, faisant face à la vie, comme la vie le lui a enseigné. Lorsque Patrick eut dix ans, dans l'après-midi du 23 décembre 1983, son père et moi nous sommes retrouvés à l'urgence du CUSE, avec un diagnostic déroutant et inattendu pour lui, de diabète juvénile. Ce jour-là, pour moi, fut un chaos d'émotions, de chagrins, d'inquiétudes, de points d'interrogation, d'incertitudes. Ce qui me reste de plus fort comme impression de cette journée interminable, même après plus de sept ans, c'est la tristesse lourde qui s'est abattue sur mes épaules et sur mon cœur. J'ai immédiatement réalisé l'impact du côté inguérissable de cette maladie pour mon fils.

Depuis onze ans, en tant qu'adulte, je me débattais avec les contraintes, dans le quotidien, d'une maladie qui n'a pas de guérison possible, du moins pas encore. Je me souviens que je serrais très fort mon fils dans mes bras. La gorge nouée, il m'était impossible de lui expliquer pourquoi il devait demeurer à l'hôpital, la veille de Noël. Heureusement que Pierre était là pour, à son tour, nous serrer très fort tous les deux, dans ses grands bras solides. Déjà, à cette minute même, je me rappelle avoir songé que la moitié de notre petite famille était «hypothéquée» par deux maladies chroniques. Ma première consolation, croyez-le ou non, c'est lorsque j'ai réalisé, dans les jours qui suivirent, que Patrick ne souffrait pas physiquement. La douleur ne serait pas le lot de chacune de ses journées.

Et puis, jour après jour, Patrick et nous, avons exploré ce nouveau monde, les techniques de traitement, les conséquences, les exigences, les pronostics de cette maladie. Je revois ce Noël et ce Jour de l'An passés au cinquième étage du CUSE, avec un personnel réduit, une clientèle d'enfants très, très malades. En ce Noël et ce Jour de l'An, avec nos deux enfants, dans la salle de détente presque déserte, Pierre et moi avons souhaité continuer de croire en une vie saine et belle pour nous quatre. En frappant l'un contre l'autre nos deux verres de carton remplis de «Baby Duck», nous avons levé nos yeux sur Patrick qui, au même moment, déplaçait la grande chaise longue d'une petite paralysée cérébrale, afin qu'elle voie bien la télévision. Patrick avait tellement bien saisi l'importance de ce qui lui arrivait que, le matin de Noël, trouvant dans son cabaret une canne rouge et blanche en bonbon, il s'est immédiatement rendu au poste pour dire à son infirmière, en montrant la sucrerie : «Je pense que moi, je ne peux plus manger ça».

Je me souviens d'un vidéo que nous avons regardé avec lui et son infirmière, dans un petit coin de l'hôpital. Ce film, entre autres, lui expliquait l'importance des injections quotidiennes. On lui disait de faire de sa seringue sa meilleure amie. Dans un parler simple et franc, on lui recommandait de ne jamais la renier ou l'oublier parce que, sans elle, «tu pourrais en mourir». Placée derrière mon petit homme, je n'ai pu voir sa réaction. Je ne sais qu'une chose, aujourd'hui, c'est que, déjà à cette époque, il était fort et indépendant.

Nous n'avons jamais piqué Patrick. Même à dix ans, il a toujours voulu le faire lui-même, parfois, de deux à quatre fois par jour. Avec le temps, j'ai simplement essayé de lui faire réaliser que tout le monde, dans la vie, a des contraintes, que ce soit de santé ou autre. La responsabilité de chacun est d'apprendre à vivre avec les siennes le mieux possible, pour réussir à être heureux et serein dans ce destin que l'on doit assumer.

À dix-sept ans, comme tous les jeunes qui gravitent autour de lui, Patrick vit sa jeunesse. Il assume sa maladie, au meilleur de sa connaissance, en osant un peu plus certains jours, un peu moins d'autres jours. Il apprend à devenir de plus en plus fort. Et cette force, il me la donne sans réserve, probablement sans en être conscient lui-même.

Vous savez, je me souviens, lors d'une grande crise de douleur récente, que j'étais quand même allée marcher au Carrefour de l'Estrie avec Pierre, pour voir les décorations de Noël. Quand je suis revenue, je ne pouvais plus me porter sur mes jambes et Pierre a dû me descendre du Jeep, pour me transporter à l'intérieur de notre maison... Pendant qu'il allait chercher des paquets et en attendant que mes pieds et mes hanches se raffermissent, pour me permettre de marcher, c'est Patrick qui m'a soutenue dans ses bras, sans un mot, en me caressant les cheveux tout doucement... Appuyée pesamment sur son épaule, silencieusement, j'ai dit «merci» au ciel, à la vie, à Patrick pour sa force et sa tendresse. Il y a très peu de paroles avec Patrick, il y a un non-verbal complice et rassurant. Il y a l'importance de ses gestes. Aller au-delà d'eux, aller au-delà du paraître, c'est connaître une affectueuse vérité, c'est découvrir un amour secret mais authentique. Le bagage d'expériences accumulées à son âge lui confère un apprentissage de vie que bien des adultes ignorent encore et cela fait de lui, à son tour et pour moi, un être exceptionnel.

Finalement, pour mes deux grands garçons, ce qui n'est pas encore tout à fait acquis par rapport à mon problème d'arthrite, c'est cette exigence que je leur impose de me laisser essayer d'accomplir seule une action, ne serait-ce qu'ouvrir un contenant, attacher un poignet de blouse ou soulever une assiette. Si je ne réussis pas, c'est ma responsabilité de leur demander de l'aide. Mais je dois d'abord essayer. Eux, ils veulent tellement et trop, parfois, me dispenser des efforts et des souffrances. Ce sont eux qui ont encore le plus de difficulté à me regarder vivre, à me regarder avoir mal et à rester là, à ne rien faire, en attendant que je leur fasse signe d'intervenir.

Leur amour protecteur leur fait parfois oublier que mon physique amoindri n'affaiblit pas ma capacité d'être présente pour eux et pour tous les autres, moralement et psychologiquement. J'ajouterais même que, si les autres, et mes fils surtout, me privent de leur confiance et de leur présence, à cause de mon mal, de ma fatigue, de ma maladie, en somme, ils me privent d'un grand don, qui est le besoin de me sentir utile pour le plus de monde possible autour de moi. C'est un magnifique cadeau que l'amour et la vie m'ont fait, en me donnant ces deux fils. Leur vie est en dehors de la mienne. Chacune d'elles a sa propre destinée. Ces enfants ne m'appartiennent pas. Nos vies se croisent un moment et j'en suis la plus grande bénéficiaire. Ma reconnaissance rejoint leur besoin légitime de s'en aller, déjà, sur la voie des adultes.

Je n'ai qu'un seul souhait pour mes deux enfants c'est qu'à travers leur destin d'hommes, ils demeurent toujours fidèles à ce qu'ils sont vraiment en eux-mêmes. C'est peut-être cela le secret de la confiance, de la vérité, de l'amour, de l'amitié. Obliger les autres à nous accepter tels que nous sommes demeure probablement le plus grand et le véritable défi de la vie.

7

J'ai une petite sœur

Un sourire est souvent l'essentiel. On est payé par un sourire, on est récompensé par un sourire. On est animé par un sourire et la qualité d'un sourire peut faire que l'on meure.

Antoine de Saint-Exupéry

Suzanne, Francine, Gérard, Lucy, Marielle et Jean-Claude. Voilà par ordre chronologique la place respective des enfants dans ma famille d'origine. Entre le cadet et l'aînée, il y a dix ans de différence. Nous sommes nés et avons vécu à Saint-Claude, dans les Cantons de l'Est, petit village d'environ six cents habitants.

Mes frères et mes sœurs! Enfants devenus adultes, avec des personnalités distinctes, enfants d'une même entité. Des liens invisibles nous lieront toujours, ne serait-ce que ces liens naturels d'être issus de la même source de vie.

Francine, cette comédienne-née, sensible aux rires comme aux larmes, qui aime qu'on l'écoute et qui adore nous faire partager ce qu'elle vit. Je la revois, toute petite (elle avait trois ans de moins que moi), qui, en montrant le ciel, nous posait des questions logiques mais sans réponse. «Pourquoi le ciel n'a pas de cheminée?» Eh bien oui, pourquoi? Puisque toutes les maisons en ont et que le ciel est, paraît-il, la maison du Bon Dieu.

Gérard, le solide gaillard sur qui on peut compter, et qui ressemble physiquement tellement à papa. Gérard qui, comme moi, n'avait pas peur de la nuit noire. Comme nous aimions sortir, le soir, pour aller chercher du Pepsi, au magasin général, pour papa. Marcher sur une croûte de neige brillante, éclairée par le seul reflet de la lune, demeure aujourd'hui encore un de mes plus beaux souvenirs.

Lucy, la vivante, la disponible, la généreuse tant dans ses dons que dans sa joie de vivre. Lucy, pleine de passion et, à mon avis, la plus expressive de nous tous dans ses gestes d'affection.

Marielle, la silencieuse, la secrète devant les événements. Une petite bonne femme au regard tranquille. Je revois ce regard, une fois entre autres, où nous avions parlé de la vie et de ses mystères. Je me sentais responsable, je ne sais de quoi au juste, mais ses yeux, reconnaissants ce jour-là, me sourient encore aujourd'hui.

Et Jean-Claude, mon petit frère pour lequel, plus pour lui que pour les autres, je me suis parfois considérée comme une deuxième mère. Je me souviens de certains bulletins scolaires... je me souviens d'une opération des amygdales... Petit frère qui, à cinq ans, lors de mon départ pour le pensionnat, s'était jeté à genoux et, en me prenant la main, s'était écrié «Quitte-nous pas, je t'en supplie, quitte-nous pas!...» Il aime taquiner, encore aujourd'hui, à l'image du caractère de son père. Mes frères et mes sœurs! Vous faites partie de moi.

Je suis allée étudier à l'extérieur dès l'âge de quinze ans. Je suis revenue à dix-huit ans. Encore aujourd'hui, lors de réunions de famille, on raconte de nombreuses anecdotes, de nombreux coups pendables dont je suis exclue. Il n'y a pas de trou de mémoire dans mes souvenirs. Non. C'est que, tout simplement, je n'étais pas là. Et même à mon retour, les études, la lecture, l'écriture ont tellement toujours accaparé mes rêves et ma vie, que je m'isolais et vivais en spectatrice les exploits de mes frères et sœurs.

Si je parle de bicyclette, de course, de ballon, de cachette, il me semble que, des quatre filles, c'était toujours Lucy la plus audacieuse. Instigatrice de nombreux complots, nous pouvions la voir avec un bas de jupe tout décousu, les joues et le bout du nez tout barbouillés, pleine de force et d'énergie pour aller presque conquérir le reste du monde entier. Elle était très vivante. Et cette joie de vivre l'a plus tard conduite vers l'amour et le mariage. Vous avez peut-être deviné et compris que, si je parle surtout d'elle c'est que Lucy aussi, à l'âge de vingt-deux ans, a commencé à souffrir de polyarthrite rhumatoïde.

Je n'oublierai jamais ce dimanche soir, lorsque Pierre et moi étions allés leur rendre visite et qu'elle avait mal au genou. Comme ils nous expliquaient d'autres symptômes, nous avions immédiatement eu des soupçons et leur avions suggéré de consulter le plus vite possible. Mais ce jeune couple n'en était pas encore là. C'était encore la phase du «c'est impossible; ce n'est pas ça; ça va passer, etc.» La phase de négation, quoi!

Pourtant, il a bien fallu se rendre à l'évidence un jour... eux d'abord et... moi également. C'est curieux et difficile à expliquer, mais l'arthrite, dans nos vies, à Lucy et moi, au lieu de nous rapprocher, nous a pour ainsi dire éloignées l'une de l'autre. Nous nous parlions rarement de ce que nous ressentions, comme si instinctivement nous avions peur de nous faire encore plus mal. Et j'avais mal, car sa maladie évoluait tellement rapidement, tellement plus rapidement que la mienne, que parfois... je me sentais coupable et mal à l'aise. C'était comme si je vivais deux maladies à la fois, en réagissant doublement à tout ce qui arrivait à Lucy. Mais jamais devant elle, cependant. Seulement lorsque je me retrouvais seule, à la maison ou ailleurs, et que je laissais librement exploser mes peurs et mes angoisses. Je ne comprenais pas... Je n'admettais pas... Je ne voulais pas la regarder dépérir à vue d'œil, comme ça, sous mes yeux. Alors, je souffrais pour deux; je voulais pour deux; j'espérais pour deux.

Elle n'a pas eu d'enfants; elle a dû abandonner son travail dans une Caisse populaire; elle est devenue admissible à la rente d'invalidité de la Régie des rentes du Québec; elle a été de nombreuses fois hospitalisée et a dû subir diverses chirurgies aux pieds, aux mains et à la colonne vertébrale (le halo). Un chirurgien m'a même avoué un jour: «Comme elle est brave, cette petite!». Peu à peu, elle a perdu toute autonomie et elle est devenue de plus en plus atteinte par des difformités inimaginables aux mains, aux pieds et aux hanches. Elle n'avait presque plus de qualité de vie. Je la revois, assise à sa table de cuisine, fumant avec un embout pour allonger sa cigarette, un plat pour soulever sa tasse de café et une paille pour le boire. À l'aide d'un téléphone spécial avec lequel elle n'avait qu'à parler dans une sorte de micro, elle restait connectée avec la réalité, la sienne et celle des autres. Elle m'avait même avoué un jour: «Tu ne sais pas ce que c'est, que de n'avoir qu'à tenir le temps...» Je veux rendre hommage ici à Gilles, son mari, à notre dévouée mère, à notre sœur Francine ainsi qu'à sa petite famille (Luc, Laurie et Audrey). Je suis persuadée que, grâce à leur aide et à leur grande générosité, ils ont tous contribué à maintenir Lucy dans son milieu familial. Ils l'y ont maintenue avec tant d'amour et d'abnégation que leur affectueuse implication a accompli des miracles.

Un jour, en novembre 1985, Lucy était hospitalisée pour une opération chirurgicale des poignets. Celle-ci s'est plutôt soldée par la chirurgie du halo, car un anesthésiste avait découvert qu'il était risqué d'opérer à cause de déplacements de vertèbres cervicales, rendant toute intubation impossible, si cela s'avérait nécessaire. Les priorités étaient modifiées.

À la même époque, je suis entrée d'urgence au même hôpital, à la suite de graves maux de tête et d'un teint jaune devenu suspect à l'œil de mon conjoint. J'étais tellement faible et j'avais les traits tellement tirés que j'ai su plus tard qu'un médecin, venu voir une connaissance commune au lit voisin, avait pensé que, sûrement, je luttais contre un cancer et que j'étais en phase terminale. Quelle tête je devais avoir! C'est mon taux d'hémoglobine qui était en cause (voir chapitre 2). Je fus donc admise au huitième étage. Lucy était au sixième. J'étais si dépassée par les événements que les efforts à accomplir étaient sans commune mesure avec toutes les pauvres forces que je luttais pour conserver. Autour de moi, le corps médical s'étonnait et ne croyait pas que, depuis plusieurs jours, je me levais seule pour aller à la salle de bain, que je faisais ma toilette seule, que je m'efforçais d'avaler un peu de mes repas et que j'étais même allée travailler. Tout ça, avec un taux d'hémoglobine à environ quatre ou cinq. Je me souviens que je me disais que je devais arriver à accomplir ces simples gestes de la vie quotidienne. Je sentais confusément que c'était une question de vie ou de mort.

C'est ainsi que tous ceux et celles qui nous aimaient, Lucy et moi, partageaient leur temps et leurs encouragements entre le sixième et le huitième étage du CUSE.

Pour nous deux, ils se faisaient les messagers de nouvelles toujours rassurantes, nous cachant le pire pour nous aider et pour nous protéger l'une de l'autre. Pour ma part, les doutes, les craintes me submergeaient. Je le cachais du mieux que je pouvais. Pendant des heures et des jours, maman et René, mon beau-père, se sont relayés pour rafraîchir mon front et mes tempes. Je les revois, faisant l'aller-retour entre le lavabo et mon lit pour essayer de m'apporter soulagement et réconfort. Les médecins s'empressèrent de me faire une biopsie osseuse, pour réussir à cerner l'origine de mon malaise. La recherche des causes de mon état croisait constamment leurs efforts pour me soulager et me remettre sur pied. Il fut donc décidé que je devais être transfusée. Lorsque j'ai eu ma première transfusion de sang, en présence de Louise, ma belle-sœur, et de cinq médecins, à sept heures du soir, je savais pourtant que je pouvais mourir... et Louise aussi savait. Je la revois, toute seule, vaillante et cachant son anxiété, assise tout au bord de la grande chaise. S'il m'était arrivé quelque chose ce soir-là, c'est grâce à elle que j'aurais parlé une dernière fois à Pierre au téléphone. Avec le recul du temps, il y a de ces gestes, au premier abord sans importance, qui prennent ainsi toute leur véritable dimension. Confuse et un peu désarçonnée, tout fort, juste avant que le sang ne pénètre dans ma veine, j'ai murmuré : «Je n'aurai pas de réactions. Tout va bien aller». L'hématologue, se penchant sur moi, m'a fait répéter ces mots en me serrant la main. Elle avait compris qu'il fallait que je défie la vie. Il fallait que je vive! Trois heures plus tard, assise dans mon lit, je mangeais deux rôties et buvais un bon jus d'orange, bien froid.

Je vous confie un grand secret. En revivant cette période, je pleure. Pour la première fois depuis que j'ai commencé la rédaction de ce livre. Tout à coup, dans mon cœur, il y a des tremblements, des vibrations. Je ressens tout si intensément. C'est comme si j'y étais, encore une fois. Je prends conscience véritablement de toute la peine, de toutes les peurs, de tout le désarroi que tous ont dû vivre, en nous regardant, Lucy et moi, nous débattre avec l'inconnu, le mystère, l'imprévu de cette arthrite qui grugeait chaque jour davantage notre corps et notre vie. Leur fidélité sans faille nous a sauvées... m'a sauvée... Je sais à tout jamais combien est essentiel tout ce réseau de pensées positives qui gravitent autour de moi, dans ces moments de grande faiblesse et de grand besoin. Je sais qu'il y a eu, entre autres, les souhaits et les prières de tous les enfants d'une classe où étudiait l'un de mes fils ; ceux aussi de mes amis retraités, de mes parents qui, au lieu de jouer aux cartes, l'après-midi, allaient à l'église pour une neuvaine ; je sais aussi pour toutes ces ferventes religieuses, cachées tout au fond du carmel.

Le jour où Lucy a eu son congé, le grand patron de la rhumatologie, les étudiants, résidents, stagiaires de cette discipline, ainsi que ceux de l'hématologie, soit une dizaine environ, étaient à mon chevet. C'était ce que j'appelle encore aujourd'hui «la tournée des grands ducs» ou «la visite du grand manitou». C'est sans malice aucune, vous savez. Seulement, quand ils arrivent ainsi tous ensemble, il faut tellement être alerte d'esprit pour comprendre tout ce qui se dit de notre cas. Il arrive même que, parfois, dans leurs échanges instructifs, ils oublient que je suis là. Et, ce matin-là... je voulais de toutes mes forces avoir le plus de réponses possibles à mes questions. Ce n'était peut-être pas le bon moment. Dans toute cette atmosphère d'attente et d'une certaine tension, tous étaient dans la chambre depuis quelques minutes seulement, et le rideau entre les deux lits était tiré, de sorte que je ne pouvais voir la porte d'entrée.

Tout à coup, ce fut comme si un ange était passé. Le silence se fit et toutes les têtes se tournèrent vers le corridor. Il y avait de la surprise, de la stupéfaction, de l'incrédulité sur leurs visages. J'ai demandé qu'on ouvre le rideau... et c'est alors que je l'ai aperçue pour la première fois avec cet appareil qui semblait si lourd pour ses quatre-vingt livres. Lucy, chère Lucy... De quelle audace tu as fait preuve. Tu t'es levée de ton fauteuil roulant et tu es venue vers moi... et rien au monde, oh non, rien, absolument rien n'aurait pu m'empêcher de m'asseoir et de te tendre les bras. Malgré le soluté au poignet, malgré l'oxygène pour respirer, malgré le pouls qui subitement s'est accéléré, malgré cet étourdissement que j'ai voulu passager, malgré cette transpiration sur mon front, malgré cette faiblesse dans tout mon corps, malgré tous ces yeux rivés sur nous, non, rien ni personne n'aurait pu m'empêcher d'essayer de prendre ma petite sœur dans mes bras.

Oh! Quelle douleur! Quel coup au cœur! Et pourtant, quelle fierté j'ai ressentie! Quelle humilité aussi devant cette démarche de venir me voir avant de rentrer chez elle, après soixante-deux jours d'hôpital. Nous nous sommes regardées, je crois bien avoir pleuré et elle aussi. Je lui ai souhaité bonne chance et je lui ai promis une visite à mon tour, le plus tôt possible. J'ai voulu l'embrasser à travers ces poteaux qui étaient vissés dans son crâne et qui descendaient jusqu'au milieu de la taille. Je ne sais plus si j'y suis arrivée... ce dont je suis sûre, c'est que, de ma main valide, j'ai timidement replacé une courte mèche de cheveux sur son front. Par ce geste, je lui ai dit combien je l'aimais.

Une fois déjà, deux ans auparavant, alors que je faisais un témoignage devant la Chambre de commerce de Windsor, je lui avais demandé de venir me rejoindre à l'avant de la salle. C'est pour elle d'abord que j'ai créé cette phrase : «Acceptez-nous aujourd'hui avec amour et tendresse, sans penser à ce que nous étions hier, et sans crainte de ce que nous serons demain.» Publiquement, je lui avais déclaré que j'admirais son courage et son sourire, que j'avais senti le besoin qu'elle vienne me rejoindre, car nous étions toutes les deux dans la même galère. Sur la cassette enregistrant cette minute, on entend très bien un sanglot de Lucy, et cette minute parfois me console et parfois me fait regretter.

Finalement, j'ai aussi reçu mon congé de l'hôpital quelques semaines plus tard. Nous étions à la veille des Fêtes. Je retiens de cette époque le fameux jour de l'An où chacun nous souhaite à profusion de la santé pour toute l'année. Habituellement, Lucy et moi, nous nous disions très peu de choses. Nous nous embrassions chaleureusement, muettes, mi-souriantes, mi-sérieuses, et le message passait. Pourtant, je me rappelle que, cette année-là, elle m'a souhaité de «faire le plus beau des voyages en avril». Mon mari et moi avions planifié deux semaines en Jamaïque et, dans les yeux de ma petite sœur et même dans certains de ses propos, j'ai toujours su qu'elle aurait aimé être en mesure de réaliser un tel projet. Je me remémore ma réponse, comme si c'était hier : «À toi aussi, Lucy, je voudrais souhaiter le plus beau des voyages. Je te fais une place dans ma valise et dans mes pensées. Et surtout, souhaitons-nous mutuellement de ne pas faire de voyage ni d'escale au CUSE.» Nous avons ri de nos impertinences et nous sommes passés à autre chose.

Le 26 janvier arriva. Un dimanche. La fête de Frédéric, le filleul de Lucy et de Gilles. Il a neuf ans. Je ne suis pas en forme pour organiser une grande fête, ni même un souper. J'invite cependant le parrain et la marraine à demeurer pour un petit en-cas, à la bonne franquette. Lucy refuse, se dit fatiguée. Elle demande à Gilles de desserrer les petites courroies qui maintiennent, à sa taille, une peau de mouton pour éviter les blessures que pourraient occasionner les poteaux du halo. Elle rit encore. Elle fait des farces. Elle croit qu'elle engraisse.

Le mercredi suivant, soit le 29 janvier, c'est l'euphorie totale. À l'insu de tous, Lucy est allée au CUSE et on lui a enlevé, enfin, ce fameux appareil. Presque toute la famille se réunit chez ma sœur Francine pour souligner l'événement. Lucy semble heureuse, mais tellement épuisée. Je me souviens que nous avons écouté une des émissions du «Temps d'une paix». À la dérobée, je l'observais... quelle fragilité... quelle faiblesse... Quand nous sommes passés du salon à la cuisine, elle fut la dernière à se déplacer. Je l'observais encore... quelle difficulté pour se pencher au-dessus de la table basse et essayer de ramasser son paquet de cigarettes et son briquet. Je ressens encore, non pas de la pitié, mais de la tristesse devant tant de détresse, de volonté et d'impuissance. J'aurais voulu courir vers elle, tout lui donner, tout faire pour elle ! Mais son désir d'autonomie, pensais-je, devait être tout aussi présent que le mien. Quand nos regards se sont croisés, sa lassitude m'a complètement dominée.

Nous sommes partis tôt et, selon l'aveu même de Francine, Lucy lui a fait remarquer qu'elle était extrêmement heureuse de nous voir, mais ô combien elle était fatiguée.

Le vendredi après-midi, le 31 janvier 1986, je joins Lucy au téléphone pour lui donner des nouvelles d'un examen spécial des yeux pour Frédéric. Il est environ trois heures. C'est le bla-bla habituel. On se promet de se rappeler.

Ce même soir, aux environs de dix heures, les enfants dorment. Pierre et moi, dans notre chambre, jasons de choses et d'autres, du week-end à venir. On sonne à la porte. Gilles, suivi de son frère, entre. Une seule phrase, là, debout, en larmes, pesamment appuyé au poteau de notre escalier intérieur : «Lucy est morte.» C'est l'impossible! C'est l'irréalité! C'est l'incrédulité! Une valve au cœur a probablement éclaté. Elle avait aussi de l'eau dans les poumons... et que sais-je encore, moi qui n'ai pas su tout ce que Lucy a emporté avec elle à tout jamais. Elle n'avait que trente ans.

C'est comme tomber dans un grand trou noir. Les jambes coupées, le cœur déchiré, la gorge crispée, je me suis laissée choir sur une chaise. Les mots que j'ai prononcés alors, je ne m'en souviens pas, mais je les ai répétés plusieurs fois, par la suite. Ceux et celles qui m'ont entendue auront enfin ici l'explication de cette expression qui leur a fait si mal, parce que mal comprise et mal interprétée.

«Lucy est morte à ma place.» N'est-ce pas qu'il était facile et qu'il allait de soi de croire que j'aurais voulu mourir à sa place? Mais c'était mal me connaître, aux heures de grandes souffrances. Imagination, rêve ou vérité, ce que j'ai voulu exprimer à ce moment-là, c'est qu'instantanément, instinctivement, j'ai cru que Lucy avait échangé sa vie contre la mienne. Nous, pauvres humains, nous n'avons parfois qu'une seule unité de mesure, et c'est la comparaison. Nous agissons comme si deux vies pouvaient se mesurer. Et pourtant, c'est ce que j'ai fait... à tort ou à raison... et à mots couverts. Lucy elle-même avait fait devant moi le même parallèle. «Moi, ce n'est pas grave, ce sont juste mes os, ma carcasse. Toi, c'est ton sang, ta vie...!»

J'avais des enfants, Lucy non. J'avais encore mon travail, Lucy non. Lucy était ce que l'on appelle une personne invalide. Son mari, jeune et en pleine santé, pourrait se refaire une vie. «Tu ne sais pas ce que c'est que de n'avoir qu'à tenir le temps.» Dépendance complète. Autonomie presque inexistante. Difformités et limitations incroyables. Tenir le temps et voir les heures s'écouler dans la douleur, autant physique que morale. Je sais qu'elle savait que c'était peut-être une question de temps avant que ne surgisse devant elle le spectre d'un éventuel placement dans un établissement pour malades chroniques.

Je sais qu'elle a réellement songé à tout cela. Vous trouvez peut-être que je suis audacieuse et que je me donne trop d'importance? Vous ne croyez pas, comme moi, que dans les dédales de notre superconscience, il existe des esprits, des âmes qui se croisent et se recroisent au fil des temps? Qui sait si notre cheminement vers une plus grande perfection n'a pas besoin de la beauté exceptionnelle d'une âme qui s'échappe?

J'ai raconté tout cela à un ami prêtre, un soir au pied du cercueil de Lucy. Il ne m'a pas donné de réponse. Il m'a écoutée. Il m'a consolée. Moi qui aime tant la vie, je ne voulais pas mourir! Moi, qui aurais pu mourir, à peine quelque mois avant elle, j'avais été sauvée et c'est Lucy qui nous quittait... Cet homme de Dieu a songé avec moi : «Qui peut vraiment prétendre savoir ce qui se passe réellement dans la vie après la vie...». Il m'était nécessaire de croire à cette version des choses pour comprendre, admettre et continuer. Et c'est à travers ce choix que je vis peut-être les moments les plus intenses de ma vie. Je m'étais dit : «Si je connais, grâce à Lucy, un autre bout de vie, cette vie sera pleine. Elle sera riche. Elle s'efforcera d'être toujours réceptive à la plus minime demande d'aide et d'amour. Et j'imaginais que la façon de procéder se ferait connaître, au fur et à mesure.» Et il en a été ainsi. C'était comme une promesse, à moi-même d'abord, mais aussi à Lucy.

Probablement, à cause de cette promesse, le jour de ses funérailles, à l'église, je suis allée à la chaire et j'ai lu un poème que j'avais composé pour elle, quelque temps auparavant, mais que j'avais négligé de lui donner. Il n'était pas trop tard pour le lui remettre tout en lui rendant hommage pour la dernière fois.

Par la suite, j'ai continué à témoigner de plus en plus de la façon dont je vis ma situation d'arthritique. L'idée d'accomplir plus et de partager davantage a donné naissance à ce livre. Lucy nous a quittés depuis plusieurs années et elle n'avait que trente ans. Elle aurait aujourd'hui trente-cinq ans. Et l'on entend encore et toujours que l'arthrite ne fait pas mourir! Sept ans de douleurs intenses, vingt-quatre heures sur vingt-quatre, sans jamais aucune période de rémission, cela ne fait pas mourir?... Je le sais très bien, l'arthrite n'est pas une cause de décès en soi, c'est bien certain, mais elle est à coup sûr la cause de beaucoup de chagrins.

Non, l'arthrite ne fait pas mourir. Dans le cas de Lucy, elle n'a fait que ronger sournoisement une jeunesse qui n'aura pas eu le temps ni la chance de se réaliser davantage. Ma consolation est de penser que là était son destin et que, dans la poursuite de son accomplissement, la vie telle que nous la connaissons et la mort ne sont que des étapes à franchir, sans heurt ni regret.

Lorsque j'y songe et que je réentends nos souhaits mutuels du 1er janvier 1986, je me dis que c'est elle qui, cette année-là, a dû accomplir le plus beau et le plus magnifique des voyages... et pour elle, tout est pour le mieux... J'en suis persuadée et j'essaie d'intégrer le plus profondément possible au cœur de ma vie cette certitude de «la vie après la vie», avec ses phases de recherche vers ce qu'il y a de plus parfait et de plus heureux.

Dans ce beau voyage que Lucy, en vagabonde éternelle, poursuit toujours, je me plais à croire qu'elle ne cesse de m'envoyer des messages. Et sa messagère préférée est une colombe bleue. Chaque matin, il y a un souhait à ma porte. Il suffit que j'ouvre mes yeux, mes mains et mon cœur à cet oiseau, afin que ses ailes enchantées puissent consoler toutes mes peines et raviver tous mes espoirs.

8

J'ai un métier

La grandeur d'un métier est peut-être, avant tout, d'unir les hommes : il n'est qu'un luxe véritable, et c'est celui des relations humaines.

(Antoine de Saint-Exupéry)

J'ai obtenu, voici presque vingt-cinq ans, mon di-
plôme d'études collégiales, en tant que techni-
cienne en assistance sociale. Je suis à l'emploi du
Gouvernement provincial, dans un Centre Travail-
Québec. Jadis, j'étais une agente d'aide sociale, aujour-
d'hui, je suis une agente d'aide socio-économique. De
toute façon, le titre importe peu. L'importance de mon
travail est accordée à une clientèle qui a besoin de sécurité de revenus et parfois aussi de beaucoup d'autres
sortes de sécurité. Je considère que c'est un travail de
relation d'aide, un travail de références et de collaboration avec d'autres organismes du milieu. Ceci, tout en
répondant en quantité et en qualité aux exigences de
mon employeur. Continuer de travailler, pour moi, c'est
réaliser tout cela.

Jusqu'à maintenant, que ce soit au niveau local,
régional ou central, j'ai toujours bénéficié de compréhension et de souplesse, pour m'aider à faire face aux impré-
vus de l'arthrite, tout en me facilitant l'accès aux
conditions de travail et aux bénéfices marginaux auxquels
j'ai droit.

L'abus n'a jamais été le lot de ma vie et, quel que
soit l'état physique dans lequel je dois me rendre au
travail, je m'efforce de donner constamment le meilleur

de moi-même avec toutes les connaissances, la compétence et l'expérience que j'ai acquises. Peut-être même, parfois, en ai-je trop fait, car étant très perfectionniste, inconsciemment j'avais probablement peur que mon rendement soit évalué en fonction de ma capacité physique. Malgré tout ce qui m'est arrivé, j'ai toujours continué à me faire confiance. Et c'est ainsi que mes collègues et mes supérieurs immédiats ont dû et doivent encore calquer leurs attitudes sur la mienne. Je ne leur donne pas le choix. Eux seuls pourraient évaluer mon degré de rendement. C'est leur boulot. Moi, le mien est fait.

Sur le plan du décor physique, rien n'a été ménagé : chaise avec dossier et siège ajustable, et sur roulettes pour mieux me déplacer ; petit banc pour mes pieds afin que mes genoux soient plus élevés, tel que recommandé ; bureau avec tiroirs moins chargés, donc moins pesants ; de même pour les filières de dossiers ; lutrins pivotants pour mes livres de loi et de règlements afin d'éliminer les gros cahiers à anneaux que je peux difficilement ouvrir. Tout ça sur les recommandations des physiothérapeutes et des ergothérapeutes. Il fut un temps où j'ai eu un téléphone de réceptionniste pour que je n'aie pas à composer les numéros, ni à tenir trop longtemps le récepteur afin de prévenir l'ankylose des mains et des bras.

Je me suis toujours donné le droit d'exiger tout cela, parce que, pour moi, comme je l'ai déjà mentionné, tout est question d'autonomie, de liberté et même de survie. La réponse a toujours été positive et adéquate.

Il est certain qu'avec ce problème de santé, j'ai dû, à un moment donné, tirer un trait sur des projets d'avancement, dans un certain plan de carrière. C'est la loi du libre choix. J'aurais pu travailler pour aller plus haut et plus loin, mais la réalité a toujours été présente, non seulement à mon esprit, mais surtout à mon corps. Le poste que j'occupe actuellement me comble, tenant compte du fait que le bureau est près de chez moi ; que le court trajet est parfois possible à pied (car la marche est importante !) et qu'ainsi je ménage force, vitalité et énergie. Chaque pas, chaque effort comptent dans cette réserve mince qu'est ma capacité physique.

J'ai presque tout abandonné pour conserver mon emploi, par exemple ma participation à divers comités d'école ou de parents. Ma vie sociale fut et est toujours réduite au minimum pour avoir de bonnes nuits de repos et éviter les occasions de perdre en peu de temps ce qu'il est si pénible d'acquérir. J'ai refusé de multiples projets et de beaux engagements, qui étaient pourtant dans mes cordes et dans ma ligne de pensée. Et je l'ai fait afin de pouvoir continuer à travailler.

Mon corps est peut-être atteint et il a parfois de nombreuses limites, mais je considère que j'ai toujours ma capacité intellectuelle pour analyser, appliquer les règles et prendre des décisions. Je pense sincèrement que je peux encore participer de manière valable à une organisation pour laquelle je travaille depuis 1971. Il est indéniable et évident pour moi qu'il est très valorisant d'œuvrer auprès de ma clientèle, plutôt que de rester à la maison où il m'est devenu impossible de faire l'épicerie, le gros du ménage et des repas élaborés.

Je suis encore une fois en arrêt de travail. C'est à nouveau un long cheminement de réflexion, d'analyse, de comparaison. Je doute et j'espère sans cesse, avec mes forces et mes faiblesses, avec ce que la vie me donne et me reprend. Pour l'heure présente, ce qui est important, c'est d'être bien dans ma peau, c'est de relever le défi encore une fois. Je sais qu'il faut s'élever bien haut pour relever ses défis, mais je sais aussi à l'avance qu'à travers les nuages, il y a toujours la luminosité d'un soleil. Je veux que ma vie, avec tous ses choix, ressemble à toutes les couleurs de l'arc-en-ciel. Chaque couleur a sa consolation.

La vie est belle! Je la veux belle! Je me battrai toujours de toutes mes forces pour conserver ou reconquérir tous mes droits. Le droit à la vie, le droit à la liberté, le droit d'être telle que je suis, le droit d'être acceptée telle que je suis, en un mot, le droit à une vie qui comporte des risques et des embûches, mais le droit à cette vie, quelle qu'elle soit. Je veux être, le plus souvent possible, la bonne personne, au bon endroit et au bon moment. Tout cela s'appelle confiance, espoir. C'est comme un port d'attache. C'est l'espérance qui ne me déçoit jamais. C'est être totalement moi, unique et cent pour cent vivante. Comme je le confiais plus tôt, ma clientèle est toujours démunie financièrement. Mais elle est souvent riche en expériences de toutes sortes. Combien de fois m'est-il arrivé de retrouver mon équilibre, de diminuer des tensions, d'oublier ma douleur, en m'asseyant devant un ou une bénéficiaire. M'efforçant de mettre entre parenthèses mon vécu, pour n'être qu'à l'écoute du sien, j'ai rencontré l'apaisement, la ténacité, la chance, la reconnaissance à maintes reprises. Réalisant qu'il y a des situations bien pires que la mienne, je remettais l'horloge de ma vie à l'heure juste... et je continuais.

En plus de la clientèle et du milieu physique comme tel, il y a autour de moi des gens qui gravitent en poste d'autorité ou d'égal à égal. Tous mes directeurs immédiats, depuis le tout début, m'ont toujours appuyée, secondée, encouragée. Le diagnostic de polyarthrite rhumatoïde était dans mon dossier avant que je devienne permanente. Merci aux gens de la première heure qui m'ont fait confiance et, par le fait même, ont fait confiance à la vie.

Il y a aussi et surtout mes confrères et mes consœurs de travail. Si vous saviez combien je suis redevable de délicatesses et de prévenances, d'habiles manœuvres inaperçues bien souvent, pour qui ne sait ou ne veut pas voir.

Je n'oublierai jamais, la veille d'une réunion de bureau, lorsque je suis allée voir le directeur pour mettre mon prénom au point varia de l'ordre du jour. «Y a-t-il quelque chose qui ne va pas, Suzanne?» «Oh! non, pas vraiment, mais je crois sincèrement qu'en expliquant simplement ce que je vis actuellement face à ma maladie, cela pourrait contribuer à éclaircir la situation et à aider tout le monde à mieux savoir quelle attitude adopter vis-à-vis de mes difficultés.» Il ne m'a rien demandé d'autre. «C'est O.K. Allons-y pour demain, et... bonne chance!»

À cette époque, je me déplaçais avec énormément de difficultés. Dans ce petit bureau d'une douzaine d'employés, ces derniers n'avaient pas choisi de vivre avec quelqu'un qui avait un handicap. Ils n'avaient pas choisi, mais ils devaient, ou apprendre à vivre avec moi, ou me rejeter, non pas par mauvaise volonté, mais plutôt par peur et par ignorance surtout. Ils n'ont pas non plus à vivre à ma place ce que j'ai à vivre. C'est ce que, brièvement, je leur ai expliqué, tout bonnement, pour faire disparaître certains malaises et ainsi faciliter les rapports entre nous.

Au tout début de la rencontre, comme il se doit, il y a eu des farces et l'on m'a taquinée en voyant mon prénom au point varia. C'était déjà, pour moi, un départ positif. J'ai tellement fait d'efforts pour apprendre à me sourire et même à rire de mon vécu. Cette attitude n'étant non pas pour me rabaisser ou me dénigrer, mais plutôt pour dédramatiser des situations qui semblent toujours bien pires aux yeux de ceux qui me regardent, oui, bien pires qu'elles ne le sont en réalité dans mon existence.

Avec eux, je suis donc partie du principe que chacun et chacune devait poser des gestes qu'il a le goût et la facilité de poser face à moi. C'est ainsi que, par exemple, si j'éprouve de la difficulté à sortir un dossier de la filière, celui ou celle qui passe près de moi doit faire ce qui lui est facile et naturel : passer son chemin ou m'offrir de l'aide. Une fois cette première démarche accomplie, c'est à moi que revient la responsabilité de réagir. Comment ? Soit en acceptant l'aide offerte parce que j'ai tout tenté sans résultat, soit en refusant l'aide parce que, à ce moment-là, je crois encore à la possibilité de réussir toute seule. Ainsi, je préserve mon autonomie. Je respecte autant la démarche de celui ou de celle qui passe son chemin que celle de l'autre, mais je l'ai averti que si j'ai besoin, c'est ma responsabilité de l'arrêter, de lui demander son aide encore une fois, dans la simplicité et même l'humilité, parce que je me mets en position de risque face à un oui ou un non de sa part.

C'est ainsi, selon moi, que se partagent la liberté et la responsabilité dans toute ma vie, spécialement au boulot, car c'est d'abord une relation professionnelle qui nous lie. Elle doit donc être la plus équitable possible. Et je dois avouer que je n'ai jamais, au grand jamais, essuyé un refus. Au contraire. Cette façon de voir la situation a fait tomber des barrières, des masques, des malaises, des incertitudes, des peurs, et des craintes. À la place de tout cela fleurit toujours une belle collaboration, une discrète assistance. Voici comment, en quelques exemples.

J'ai eu un jumeau, au travail. Avec lui, peu de mots, très peu de bla-bla pour ne rien dire. Nous étions jumelés, pour l'informatique et le complément de services à la clientèle. Certains jours, il ne disait pas un mot, mais il avait une très bonne vue. Parfois, une petite note d'encouragement glissée à mon insu, sur mon bureau, avait pour origine les grimaces de douleur que je n'avais pas été en mesure de réprimer ou de complètement cacher à un ami perspicace. C'est de cela que j'ai besoin. De bonnes pensées positives et de gestes apparemment sans conséquences. Comme celui de cette autre amie qui, automatiquement, verse le café dans ma tasse à l'heure de la pause, ou de cette autre qui m'apporte un texte du Dr Joseph Murphy. Il y a encore celui ou celle qui ramasse mon crayon, mine de rien, celle qui m'aide à mettre mon manteau, celui qui bouche l'air climatisé au-dessus de ma tête, celle qui écoute, celle qui suggère une méthode douce, celui qui m'invite à une pause, celui qui me considère l'égale des autres, celui qui me dit qu'il a vu mes jointures plus enflées que d'ordinaire, celle qui m'offre une fleur, tous ceux et toutes celles qui gravitent autour de moi, comme autant de généreux personnages. Climat d'aide essentiel et prometteur que j'essaie de cultiver au meilleur de ma connaissance, comme un jardinier qui aurait enfin trouvé la recette pour faire fleurir la plus rare des roses... qui embaumerait toute mon existence. À l'exemple d'une certaine colombe, elle devrait à son tour être du bleu le plus lumineux. Une rose bleue, pour un rêve, n'est-ce pas merveilleux?

Pour conclure ce chapitre, je dois avouer que je suis gâtée par tout le personnel, quand je me retrouve essoufflée, au creux de la vague, plutôt que «surfant» sur elle. Téléphones, visites, fleurs, cartes de fêtes, présents nombreux s'amoncellent chez moi ou à l'hôpital. Chaque cadeau est précieux et la valeur de chaque geste posé, le plus minime soit-il, n'est pas mesurable en mots humains.

Un cadeau particulier fut un livre, supposément acheté en solde, qui me fut donné un matin, sans occasion spéciale. Il est devenu un de mes livres de chevet et l'est encore aujourd'hui. Il est réconfortant et source d'inspiration et il sera toujours comme le témoignage vivant d'un lien créé et toujours vivace malgré l'absence, le silence, la séparation. Ce livre s'intitule : *Maîtriser la douleur* de Meg Bogin. Je sais que celui qui me l'a offert, si jamais il lit ces lignes, va se reconnaître. Merci à toi ! Ce livre est souvent sur mon bureau, au travail et, parfois, à l'improviste, par besoin, je l'ouvre au hasard et j'y recueille inévitablement un mot, une phrase, un paragraphe qui me donne l'outil nécessaire pour continuer. L'auteure de ce livre me rejoint si bien que l'un de mes directeurs, en lisant le résumé au verso de la couverture a eu cette réflexion : «Si on ne prenait connaissance que de ce condensé, on pourrait croire que c'est toi qui l'a écrit, tellement ça te ressemble». Cette petite phrase m'accordait, sans le savoir, une très grande victoire ; celle d'avoir réussi à être authentique dans mes idées et mon comportement. La transparence est une facette essentielle et indispensable dans mes rapports avec les autres.

J'essaie, tout bonnement, toujours, de me faire connaître sous mon vrai jour, sans fard ni faux-fuyant et d'être reconnaissante envers tous ceux et toutes celles qui ont su et savent encore me reconnaître.

9

Je vis dans une société

Rêve de grandes choses, cela te permettra d'en faire de toutes petites.

Jules Renard

J'ai parlé de ma famille d'origine, de ma petite famille d'aujourd'hui, de mon milieu de travail. Ce sont, en soi, de petites sociétés par le seul fait que chacun de leur membres a le devoir et la responsabilité de tout faire pour la bonne marche de l'ensemble. La grande société qui est ma ville, ma province, mon pays, c'est très vaste, n'est-ce pas? Rien qu'à y penser, je me sens comme une petite goutte d'eau dans le plus grand des océans. Je me sens minuscule et j'ai le vertige. Pourtant, j'ai et elle a une responsabilité. Aussi minime soit-elle, je pense qu'elle ne doit jamais être négligée.

En 1982, j'ai participé au concours littéraire portant le nom de la sénatrice Yvette Rousseau, décédée depuis. «Le devoir de dire et d'écrire...» Premier prix pour le témoignage sur «La situation complexe des personnes handicapées». J'ai, dans ce texte, exprimé que sont pour moi la liberté et la responsabilité de l'individu et de toute la société face à ce que l'on appelle l'humanité souffrante.

Plus je vieillis, plus il me semble que j'ai besoin de prendre du recul pour regarder cette société dans laquelle j'ai ma place, mon poids, ma mesure. Parfois, j'en arrive a avoir peur. Oui, j'ai peur que le monde cesse de progresser et de s'améliorer. Peur que la recherche du mieux-être arrive à terme. Peur que le mal prenne le dessus sur le bien. Peur que la violence prenne le dessus sur la paix. Peur que la maladie prenne le dessus sur la santé.

Je regarde la quantité de téléthons, de bonnes œuvres, la quantité de causes justifiables et justifiées. La science moderne a besoin, aujourd'hui, de la générosité des petites gens. Mais, existe-t-il un plan d'assurance qui nous garantit que notre société saura toujours trouver les moyens de se régénérer? Existe-t-il un plan de vie qui protège les plus faibles, les plus démunis, les plus petits? Je ne regarde que l'environnement et les petits enfants qui meurent de faim et, quand je m'arrête à cela, je me sens impuissante, dépassée. Mais, même si mon bout de chemin à moi est bien modeste, c'est «mon» bout de chemin. J'aime à croire que, si je ne le parcours pas, personne ne pourra le faire à ma place.

Et comment je vis ce bout de ma vie? En essayant d'éliminer le plus possible les craintes qui sont miennes. Si chaque humain avait les moyens de cesser d'avoir peur...

Un jour, j'ai pensé mourir... La médecine et la vie ont mis du temps à me remettre sur pied. Et elles auraient très bien pu ne pas réussir. Quand j'ai cru qu'il n'y avait plus de solutions à mon problème de santé, j'ai cherché en moi et j'ai dû remplacer l'inquiétude par de la confiance. Et cette confiance m'a apporté une tranquillité, une sérénité auxquelles je ne m'attendais pas. Avoir confiance en la beauté, malgré la laideur. Opposer la douceur aux cris. Cultiver la bonté au lieu de la rancœur. Je dois quotidiennement interroger mes doutes. J'essaie de leur faire face au lieu de les écarter. Confiance en soi et en la vie. Est-ce irréaliste? Est-ce trop poétique? Est-ce trop fleur bleue? Je persiste à croire que non, car, sans cette certitude, mon regard sur le monde et la société serait à jamais déçu et interrogateur.

Des milliers de personnes sont en cause. Avec le temps, la maladie m'a sensibilisée aux autres. La maladie m'a aussi permis de ne pas ignorer la vérité. Devant une arthrite agressive, indomptable, et quotidienne, je réalise que la recherche évolue toujours. Il y aura toujours des possibilités et des ressources. Et si le miracle ne réussit pas à me sauver, il aura quand même le mérite de m'avoir éveillée aux vraies valeurs de la vie.

Arthritique je suis devenue, non pas croqueuse de diamants, mais croqueuse de médicaments. J'essaie des médicaments utilisés habituellement pour d'autres maladies que la mienne. En quantité minime, il semble que ces médicaments doivent apporter un soulagement, une rémission. Il y a ceux qu'on utilise dans le traitement de la malaria ou du cancer, ou de l'iléite et la colléite, ou ceux qui évitent le rejet d'organes greffés... et quoi encore! Le rhumatologue aura toujours autre chose à m'offrir, car «la recherche; une lueur d'espoir» n'est pas qu'un slogan publicitaire. Cela colle à la réalité! à ma réalité! Si le rhumatologue et moi, réalisons et nous avouons que ma situation est difficile et compliquée, involontairement, un certain stress peut m'habiter. C'est pourquoi, à chaque instant, je lutte et je combats, de toute la force de mes pauvres moyens, afin d'arriver à conquérir le bonheur, tout simplement. Je veux une vie qui ne soit jamais paralysée, ni par la crainte ni par la maladie.

Dans notre société moderne, les recettes et les solutions pour s'autoguérir me sont proposées, à grand renfort de témoignages vécus, racontés sur cassettes, à la télé, dans les journaux. Oserais-je vous en citer quelques-unes ? Oui, j'ose... : guérisseur, guérisseuse, ramancheur, chiropraticien, acupuncteur, naturopathe, homéopathie, ondes magnétiques, alimentation végétarienne, jeûne complet, magnétiseur, hypnotiseur, médium habité d'un esprit de l'au-delà, toutes sortes de recettes-maison avec ail, certo, jus de raisin, etc. J'ai même rapporté de mon voyage en Jamaïque du rhum blanc qui, mélangé à une sorte de bulbe de ce pays et à des bâtons de menthe, devait m'apporter le miracle garanti.

Je sais qu'il y a un miracle unique pour chaque être humain, et il est naturel de tout tenter pour se sauver. La liste pourrait s'allonger... Toute seule, au milieu de cette panoplie de solutions, j'essaie, j'hésite, je cherche, j'espère... et je continue... À travers ces petites et grandes espérances, la seule stabilité qui me tient à cœur, c'est celle de ma tranquillité d'esprit. Je peux et je veux sincèrement défier la science qui me dit que je ne guérirai jamais. Mais je suis à l'écoute d'abord de mes pensées, de mes sentiments et de mes émotions. Que je rie ou pleure, je le vis à cent pour cent, pleinement, pour me libérer, au fur et à mesure, de ce qui pourrait entraver ma marche vers un plus grand bien-être physique et moral.

Quand toutes ces avenues de guérison me sont recommandées, il y a la possibilité de «me faire avoir» et il est difficile d'admettre que d'autres «guérissent»... tandis que moi je n'y réussis pas. Qu'est-ce qui se passe ? Longtemps, je me suis presque sentie coupable de vivre et d'accepter de vivre avec ma condition d'arthritique. C'était comme si les regards que l'on posait sur moi me faisaient sentir que je ne faisais pas tout ce qu'il fallait pour m'en sortir, comme si je me complaisais dans la maladie. Incroyable, n'est-ce-pas ? Incroyable, mais pourtant vrai! Où aller? Vers qui? Vers quoi? Ma réponse à moi, elle est dans la recherche d'un certain équilibre. Un équilibre fait de tout ce que je vois, et que je ressens, doublé d'une franchise et d'une authenticité sincère envers la médecine traditionnelle et mon rhumatologue. Cet équilibre, comme une balance que je veux maintenir toujours à niveau, m'apporte, au jour le jour, la sérénité, la paix avec moi-même, dans la lignée d'un vécu forgé une demi-heure à la fois. Hier est fini, demain n'est pas là, et si je ne vis pas pleinement aujourd'hui, je sais que c'est vrai qu'il sera perdu à jamais.

Avec tous ceux et toutes celles que je côtoie, à chaque instant de ma vie, il m'importe d'aller immédiatement à l'essentiel. C'est la plus belle leçon que l'arthrite m'ait donnée. Ne pas s'arrêter au superficiel des choses, des événements et des gens. Aller tout droit, sans détour, à ce qui est réellement, sans maquillage, sans artifice, sans masque. Bien sûr, j'ai des moments d'oubli, de faiblesse, d'erreur, mais l'important c'est de le reconnaître, de tout effacer et encore et toujours continuer...

Je ne cesserais jamais de croire que la lueur d'espoir existe pour tous les malades. Pour vous qui déplorez le départ d'un conjoint ou l'absence d'un enfant. Pour vous qui avez mal à la tête, au doigt ou au ventre. Pour vous qui venez de faire faillite. Pour vous qui vous sentez seul et misérable. Pour vous qui recherchez la joie, tout simplement. Pour vous, qui connaissez d'avance la date d'échéance de votre vie... Nous avons tous un tunnel à traverser et il est vital de croire et de voir cette lueur d'espoir, tout au bout, aussi petite et aussi vacillante soit-elle.

Moi, pour réussir cet exploit, j'ai besoin de ma petite colombe bleue. Pour moi, elle est unique, belle, vivante, à la fois réelle et imaginaire. Imaginaire parce que mes yeux ne la voient que sur papier, dans mes pensées et dans mes rêves. Réelle parce que, sans elle au cœur de mes mots et de mes gestes, ma vie perdrait un peu de son sens, de sa saveur et de sa couleur. Quand mes paupières sont closes sur ma douleur, allongée sur le divan du salon ou le lit de ma chambre, je me plais à la voir s'élever vers l'azur, dans les nuages, le soleil ou l'arc-en-ciel et, ô miracle !, j'oublie momentanément ma souffrance physique. Je ne vois plus que des images de beauté et de réconfort qui viennent mettre un voile de douceur et de calme sur ma détresse, ma lassitude, mon obligatoire temps d'arrêt.

À chaque fois, j'ai la conviction que cette colombe me donnera un jour souplesse, légèreté, goût de me relever, d'aller vers l'avant, de plus en plus loin, de plus en plus haut. Une parcelle de guérison s'insère alors au fil des jours, sur le chemin du destin que j'ai à assumer en femme de combat réaliste, qui se cache trop souvent sous des dehors de fragilité et de faiblesse qui ne sont qu'apparents.

Je suis un tout dans un grand univers et je suis persuadée que l'interaction des êtres humains, de par le vaste monde, fera en sorte qu'un jour, la société et moi, nous pourrons guérir.

10

Je réinvente l'humour

Le rire a tendance à être en quelque sorte un symbole des choses élevées de la vie. Il s'apparente à la joie, à l'optimisme, au désir de vivre.

Norman Cousins

J'ai longtemps cru que l'on venait au monde drôle, comique. J'ai longtemps cru que le sens de l'humour était inné. Seules les personnes capables d'expressions vives, cocasses, à la répartie facile et toujours à-propos, sont en mesure de faire crouler de rires un quelconque public.

Je le crois toujours, mais je pense aussi que le sens de l'humour, ça se cultive. Je devine que l'humour ne provoque pas toujours des rires bruyants et spontanés mais qu'il peut aussi faire naître des sourires heureux et complices, du plaisir et de la joie de vivre. L'humour peut devenir un outil merveilleux pour donner à certains événements leur véritable dimension. Le sens de l'humour met un baume de douceur même sur la maladie et sur ses à-côtés. Il y a trop souvent tristesse et larmes derrière les sourires et les pitreries d'un clown, mais l'effort consenti pour sourire malgré tout n'est-il pas l'élément de survie pour une âme qui chavire?

Un jour j'ai ainsi pris conscience que, depuis belle lurette, j'avais toujours utilisé une forme d'humour assez discrète, individuelle, c'est-à-dire de personne à personne, afin de raconter et de mimer certaines de mes difficultés d'arthritique. Que ce soit avec ma famille, mes amis, mes médecins, j'ai réalisé que je tournais en boutade une situation donnée, par besoin de toujours dédramatiser des instants qui, sur le vif, me donnent la chair de poule et me font peut-être paniquer. À l'exemple du Petit Prince de Saint-Exypéry, je dois apprendre à apprivoiser le renard et la rose. Je dois apprivoiser tout doucement, calmement, ces moments fébriles, ces creux de vague. Et le rire est l'outil idéal pour réussir ces petites victoires, étape par étape.

Je le précise encore, ce n'est pas pour rire de moi, pour me ridiculiser ou me dénigrer. C'est plutôt rire des situations imprévues et imprévisibles qui me tombent dessus au moment et à l'endroit où je m'y attends le moins. En voici un exemple. Imaginez-le hors contexte, comme si cela pouvait arriver à n'importe qui. Pensez au personnage fatigué du «Groupe sanguin» qui fait une annonce télévisée de petits plats au micro-ondes. Sa lenteur, ses pieds traînants, la pesanteur du minuscule produit dans ses mains, tout cela est tellement représentatif des gestes quotidiens d'une arthritique comme moi... et, contrairement à la publicité, ce n'est pas inventé, non, croyez-moi, c'est la réalité.

Voici d'autres situations ou expressions, parmi des dizaines :

- J'appelle ma «démarche de pingouin» cette allure cahotante, qui me fait maladroitement me balancer de gauche à droite, et de droite à gauche, quand je suis ankylosée. Voilà donc qu'un petit pingouin n'a pas que sa place dans les grandes régions du Nord, ou au zoo de Granby, n'est-ce pas ?

- Je songe à ce fameux matin où je me lève en retard, ou pour une entrevue importante ; je ne réussis pas à peigner ou à dompter ma fameuse rosette qui bien entendu, ne se situe pas sur le front, mais derrière la tête. Que d'essais infructueux pour l'atteindre! Un contorsionniste envierait mes prouesses. Quel cirque!

– Que de prodigieux efforts, seulement pour enlever un gilet qui doit passer par-dessus la tête. Parfois, je me retrouve complètement penchée vers l'avant, le nez aux genoux, les bras ballants, prise à mon propre piège, comme une marionnette désarticulée. Quand finalement on vient à ma rescousse, ma chevelure en bataille pourrait faire croire que je viens de connaître une peur à me faire dresser les cheveux sur la tête!

– «Suzanne-la-gaffe». C'est moi! Pourquoi? Pour les gouttes de lait sur la cravate de mon vis-à-vis, quand j'essaie d'ouvrir la petite crème pour un café... ça, c'est quand les gouttelettes n'ont pas préféré le beau verre poli de mes lunettes... Ou, au restaurant, pour le morceau de poulet qui atterrit sur ma jupe, après des minutes interminables de bataille avec lui... Ou le beau et bon plat de yogourt tout neuf qui s'écrase sur le plancher, parce que mes doigts ont lâché prise. Imaginez du yogourt sur mes pantoufles, le poêle, le réfrigérateur, la base de l'armoire et du lave-vaisselle. Ouf! Quelle aventure! C'est quand même cocasse, en automne, de voir tant de fraises sur le plancher de la cuisine.

– Dans une conversation, où je raconte les effets secondaires possibles d'un médicament, sur les reins, je vais finir par spécifier que ce sont bien les reins d'en-bas dont il s'agit, et non ceux d'en haut, en montrant du doigt ma tête. Éclats de rires assurés et rassurés. Besoin d'exorciser!

Il n'y a rien au monde qui me console plus que les fous rires que je partage avec d'autres en vivant des situations cocasses qui me mettent en cause. En riant avec moi et en se moquant de mes gaucheries, ces personnes me font comprendre qu'elles sont à l'aise avec moi, qu'elles m'acceptent telle que je suis, qu'en un mot elles m'aiment

Je sens qu'il est difficile de rendre drôles, en écrivant, ces situations qui, en les avouant tout haut, désamorcent une émotion fragile et inquiétante pour laisser la place au rire ou, du moins, au sourire. Ma force et ma conviction à ce jour résident dans la foi que j'ai en cette avenue qu'est la thérapie par le rire.

Norman Cousins, grand auteur américain, a développé et même enseigné à de futurs médecins cette approche qu'il avait personnellement maîtrisée, pour l'avoir confrontée à son problème de santé. Il avouait «...alors que la maladie n'est pas risible en soi, peut-être devrait-elle l'être?...» Selon lui, certains «ridiculisent le rire, parce que ce dernier semble trop facile. Mais... le rire, le véritable rire, dilate tout notre intérieur (ça dilate la rate!) et c'est de là que naissent les plus belles choses qui soient au monde, pour autant que l'on se donne la peine de s'y arrêter.»

11

Un cadre enchanté et enchanteur

Je rêve d'aller vivre où vit déjà mon rêve.

Yvonne Estienne

Ma vie, comme celle de tout être humain, porte en elle les stigmates d'un passé et les horizons d'un avenir. Je crois que, quelque part dans le temps, l'espace et l'infini, le passé, le présent et l'avenir se rejoignent, pour ne former qu'une seule et même entité.

Du moins, c'est de cette façon que je le ressens au cœur de mon existence, de mon esprit et de mon âme. Je m'explique : je sais que je ne vis rien pour rien. Il y a toujours une raison à... un sens caché à... qui parfois me dérange et me blesse parce que je ne comprends pas. Mais peut être n'est-il pas absolument nécessaire de tout comprendre ? Il suffit peut-être tout simplement de vivre, de croire, d'espérer et de conserver le meilleur, même du pire.

Au détour de cette vie qui est la mienne, le hasard a fait qu'un beau soir d'été, alors que Pierre et Patrick parcouraient un chemin de campagne, ils découvrirent une toute petite maison. Voilée aux yeux des passants de la route, éloignée dans la forêt, elle était accessible seulement après avoir enjambé un pont au-dessus d'un tout petit ruisseau. Coup de foudre ! Et Patrick alors affirme : «Si maman voyait tout ça, elle n'en reviendrait pas!» Et... j'ai vu ! Et... je n'en suis pas revenue !

Après avoir franchi les quelque six cent pieds qui mènent à ce que l'on appelle aujourd'hui notre «p'tit camp», j'ai tout de suite ressenti une impression de sécurité, de bien-être total. J'ai ressenti encore plus fortement un sentiment étrange et qui m'était alors inconnu. Ce rare sentiment de «rentrer enfin chez soi», de retrouver ses racines profondes, de se reconnaître dans ce qui nous entoure, d'avoir l'impression ineffaçable d'un véritable retour aux sources.

Et c'était tellement vrai ! Les quelque trente acres de terre que nous avions acquis dans mon village natal se situent exactement vis-à-vis de la terre ancestrale, l'ancienne demeure de mes grands-parents maternels. À peine croyable, n'est-ce pas ? C'est merveilleux, lorsque je me promène dans le sous-bois, de voir, au-dessus d'une colline, les vestiges de cette antique maison. Que de souvenirs ! Quelle perfection ! Tout autour de moi «dans ce monde, derrière ce monde», je reconnais, j'entends les voix d'un passé révolu, certes, mais tellement réel et présent, lié à mon vécu par ce qu'il me laisse d'héritage et de beauté. C'est tout simplement magnifique ! Et pour vous, je lève un peu le voile sous lequel se cachent tant de beaux fragments de vie, nés au centre de ce qui est, pour moi, un véritable royaume.

Depuis cette acquisition, mon existence n'a plus tout à fait été la même. Le pont, que l'on a baptisé «le trait d'union», a été refait avec l'aide de deux grands amis. Le «trait d'union» est ce lien qui rattache l'une à l'autre ma vie trépidante moderne et ma vie connectée à la nature, aux arbres, aux oiseaux, aux lièvres et aux chevreuils, au feu de camp, à l'absence d'électricité, au ciel étoilé, au clair de lune qui illumine comme des lumières de rue, à la forêt qui se rapproche de nous au printemps et en été, tandis qu'elle s'éloigne à l'automne et en hiver.

Un dimanche d'hiver justement, j'essayais tant bien que mal d'aller en raquettes vers le sentier tracé par Pierre et qui contourne une partie de notre terre. Il faisait beau soleil et une neige toute neuve couvrait le sol. Avant d'entrer dans le bois, il y a, à gauche, comme une clairière. C'est presque une halte, pour un repos. Ce jour-là, ce fut une halte aussi pour un regard vers mon moi intérieur. Le décor extérieur était tellement beau! Des milliers de diamants au sol me donnaient l'illusion que j'évoluais dans une clarté lumineuse presque irréelle. Ah! Ce soleil et cette neige, quelle combinaison! Les arbres étaient, dans leurs cimes, porteurs du doux murmure du vent. Je ne me sentais pas du tout seule ou solitaire. À cet instant précis, tous ceux et toutes celles que j'aime sont venus envahir mes pensées... et je me souviens que j'étais en parfaite harmonie avec la vie et ses exigences. Je vivais une émotion, un recueillement, comme dans une immense cathédrale. C'est ce que j'appelle «un moment fort».

Peut-être n'y en a-t-il pas beaucoup de ces moments dans une vie? Au contraire! J'en ai connu d'autres, car depuis, j'apprends chaque jour à les identifier et à les reconnaître. Ils sont là, tout près parfois, mais nous ne leur donnons pas toujours la possibilité de grandir. Nous les étouffons dans le superficiel. Nous les ignorons. Nous les fuyons parce qu'ils mettent trop souvent en déroute nos pauvres ambitions. Pourtant, c'est une grande richesse et un immense pouvoir qu'ils nous abandonnent.

Il y a eu ces nombreuses fois où toutes mes journées à notre camp n'étaient que repos complet, allongée sur le divan à cause de très grandes douleurs. Par la fenêtre, à travers les branches d'un érable, j'ai appris à contempler les différentes images du ciel, selon la saison. L'été, il se joue de moi, et il se voile trop facilement à travers le feuillage. Mais l'hiver, il se montre à nu et moi, fascinée par la mobilité de ses nuages, je reconnais son langage. Il me parle et me fait me sentir vivante, malgré l'inertie qui me paralyse.

Et, les heures passant, je vis pleinement malgré le carcan de mon corps. C'est pourquoi, pour apaiser une certaine agitation, et par besoin d'une plus grande communication avec l'univers, lorsque Pierre vient me donner mes médicaments, épuisée et parfois déroutée, je sens l'urgence de lui murmurer : «Tu sais, il doit y avoir, quelque part, un quelqu'un ou une quelqu'une qui a besoin de ce que je vis présentement. Qu'à la personne dont le besoin est le plus impérieux, ma douleur soit porteuse d'énergie positive et de réconfort.» Croyez-le ou non, mais l'apaisement, le répit suivent immanquablement cette acceptation. Finalement, je réussis à m'endormir. Si je rêve, c'est un peu, comme le dit la comtesse de Noailles dans *L'Offrande à la Nature* : «Je me suis appuyée à la Beauté du Monde et j'ai tenu l'odeur des saisons dans mes mains.»

Voilà pourquoi, ce jour d'aujourd'hui, combiné avec les valeurs d'un passé non dépassé, ne peut être porteur que d'espoir et d'espérance pour l'avenir. Au bout du compte, des doutes et des craintes, je ne suis jamais inquiète de mon propre devenir. J'ai confiance en la force de la vie! Je sais que j'aurai toujours le dessus sur les difficultés de l'existence. Non pas sans mal ni déchirure, certes. Mais le résultat sera toujours le même : le triomphe. Un triomphe sans gloire, sans tambour ni trompette, mais le plus grand, le plus pur des triomphes pour moi, parce qu'il porte en lui toute la véritable dimension de ma raison de vivre.

Je ne me permets qu'un seul souhait, un seul vœu, et c'est celui de devenir de plus en plus capable, avec le temps, de partager véritablement avec les autres cette audacieuse épopée. Je parle toujours du «monde derrière ce monde», mais le D*r* M. Scott Peck, dans son livre *Le Chemin le moins fréquenté* va encore plus loin, car il parle du «Dieu derrière le Dieu».

Comme Patrick Drouot, je me dis : Que ce soit Dieu, Bouddha, l'Énergie, la Vie ou toute autre appellation, comment se ferait la lecture de toute une existence, sans cette certitude que l'on chemine toujours vers plus beau, plus grand et plus parfait ?

12

<u>Ma boîte à outils</u>

Un voyage de mille milles commence par un pas.

Lao Tseu

D ans ce chapitre, ce dont je veux parler, c'est de la composition de mon univers. Mon univers familial, vous le connaissez déjà. Mon univers social aussi, ainsi que mon univers professionnel. Vous avez une bonne idée de mon univers personnel sur le plan physique, sentiments et émotions, pensées et opinions. Alors, de quel univers est-ce que je veux parler ? Je l'appellerais «mon univers global», c'est-à-dire l'univers qui englobe tous les autres. Il prend naissance dans mon mental d'abord, pour se répandre bénéfiquement par la suite, dans tous les aspects vivants de mes jours.

Je le fabrique, je le façonne, je le retouche, je lui donne une dimension unique. Il y a un merveilleux univers dans ma tête. Que ce soit pour bâtir mon bonheur, ou maîtriser ma douleur, ou rédiger un poème, mon univers se construit à la mesure de ce que je lui donne et avec l'intensité que je lui insuffle. Il ne dépend que de moi que le merveilleux de l'enfance, dont je me souviens avec tant de nostalgie, devienne partie intégrante de ma vie d'adulte.

Au plus profond de moi sont nées toutes ces pages. En m'aidant à dompter, et à canaliser la souffrance continuelle des dernières années, mes pensées, dans leur mobilité, m'ont permis de vous révéler ma vie. Je l'ai fait étape par étape, pas à pas comme je le fais dans ma vie d'arthritique, une vie de femme heureuse et chanceuse de pouvoir concrétiser, dans la communication, une certaine inspiration créatrice de vie.

Mon premier pas : Je m'isole d'abord dans trois lieux de prédilection. Les deux premiers, le petit camp dans la nature et la chambre-bureau dans mon foyer, sont créés naturellement et il m'est très facile d'y glisser et d'y évoluer. Le troisième endroit que vous découvrirez avec surprise c'est une chambre anonyme de l'hôpital du grand CUSE. Au nombre de jours que j'y ai passés, il a bien fallu qu'il devienne un cadre approprié, lui aussi. Je l'ai voulu ainsi. Tout en étant attentive aux souffrances des autres malades, le besoin de m'isoler pour écrire, souffrir ou vivre est parfois plus fort. Je l'ai toujours respecté comme je dois respecter les grands maîtres que sont la douleur, la vie ou la muse. C'est ainsi que les premières lignes de ce livre ont pris naissance lors d'une hospitalisation.

Mon deuxième pas : je me retranche dans un monde musical. Avec mon inséparable baladeur, je me berce littéralement dans la magie des sons et c'est comme si, dans ma tête, tout un monde se dessinait. Entre mes deux oreilles, il n'y a alors plus de place que pour le rythme, la douceur, la paix. La musique enrichit totalement le silence. Elle chasse les doutes et les fausses craintes. Elle me met en harmonie avec tout ce qui m'entoure, peu importent le lieu, l'heure et le moment. Couchée, au seuil de la nuit, ou assise et concentrée pour l'écriture, ou marchant dans la nature, la musique m'accompagne toujours. C'est une amie, une alliée, une confidente qui se plie à mes caprices selon l'heure et mon humeur.

Voici, entre autres, quelques titres de cassettes que j'aime bien :

- Instrumental Magic produit par RCA pour Reader's Digest,

- L'album *Impressions* d'André Gagnon,

- La flûte de pan de Zamfir dans *The Magic of Zamfir*,

- *100 Golden Classics*; *Golden Instrumentals*; *Magic Trumpet*, distribution Madacy Inc.,

- Cassette de relaxation volume 4, de la Société Internationale du Programme de Diminution de Tension (S.I.P.D.T.) (cassette reçue de l'employeur à l'occasion d'un cours de formation),

- *La forêt* et *L'océan*, produit par Derek.

Valses, symphonies, concertos... Tout un monde à découvrir et à chérir, tant il imprime, dans une vie bien ordinaire, la sensation du merveilleux impossible.

Il me semble toujours que pianos, guitares, trompettes, harpes et violons du monde entier se mettent à mon service dans des œuvres de Tchaïkovski, Debussy, Mendelssohn, Strauss, Chopin, Mozart, Schubert... et tant d'autres. La musique se plie à mes besoins, elle rend vie à mes émotions secrètes.

Mon troisième pas : les lectures. Aller chez différents auteurs, à la recherche de l'imaginaire, du récit, m'apporte une sorte de consolation. Je ne me sens jamais seule et je ne m'ennuie jamais, car il y a toujours un livre à mon chevet. Dans les derniers mois, ils se sont intitulés :

- *Maîtriser la douleur*, de Meg Bogin, éditions Le Jour,

- *Comment utiliser les pouvoirs du subconscient*, France Loisirs, et *La Puissance de votre subconscient*, éditions du Jour, du Dr Joseph Murphy,

- *Des vies antérieures aux vies futures*, France Loisirs, et Nous sommes tous immortels, éditions L'Essentielle, de Patrick Drouot,

- *L'Univers d'Edgar Cayce*, de Dorothée Koechlin de Bizemont, éditions Robert Laffont,

- *La Vie après la vie* du Dr Raymond Moody, éditions Robert Laffont,

- *Anna et Mister God*, de Fynn, éditions du Seuil,

- *Écoute ton corps*, de Lise Bourbeau, éditions ETC,

- *Vaincre l'arthrite*, de Patrick Baker, éditions Clarke Irwin,

- *Le Chemin le moins fréquenté*, du Dr M. Scott Peck, France Loisirs,

- *D'accord avec soi et les autres*, de Thomas A. Harris, éditions Select,

- *J'écris aux hommes de demain*, de Martin Gray, éditions Robert Laffont.

Et j'ajoute encore à ces diverses lectures de très grands romans tels que *Les Oiseaux se cachent pour mourir*, de Coleen McCullough ; *Les Filles de Caleb* et *Ces enfants d'ailleurs*, d'Arlette Cousture, *Au nom du Père et du Fils*, *Le Sorcier* et *Sire Gaby du Lac* de Francine Ouellette, *La Boiteuse* de Marthe Gagnon-Thibodeau etc. j'entremêle le tout des savoureuses poésies d'Alfred Desrochers, de Saint-Denys Garneau, de Gilles Vigneault, de Félix

Leclerc et de combien d'autres. Leur simplicité me rappelle inévitablement l'essence de l'existence et me ramène tout doucement à sa grandeur.

Dans ces lieux, avec la musique et les lectures, j'accomplis mes quatrième, et cinquième et sixième pas qui sont les pensées positives, la visualisation, la méditation. Dans la ligne de pensée de l'autoguérison, ce sont actuellement les moyens personnels que je privilégie. Ils sont à ma portée, simples et efficaces. Je ne connais pas à fond les techniques de ces méthodes, n'ayant jamais suivi de formation. Mais dans ce que je retiens de leur philosophie, elles me font du bien. Cela devient le fruit et le recoupement de mon passé avec mon présent. Mon enfance m'a donné une certaine mentalité, une certaine poésie. Mes années d'études au couvent m'ont donné la capacité de m'arrêter, de me concentrer, de méditer. Avec tout cela, si je développe la capacité de visualiser, ne serait-ce qu'une petite colombe bleue, alors le tour est joué. De petites victoires s'amoncellent et le combat n'est pas loin d'être gagné.

Un septième pas : une dernière découverte dans le *Communiqué*, volume 9 n⁰ 2 de juin 1991, avec l'article : «Cap sur l'euphorie : un voyage au royaume du cerveau.» Dans ce texte, Marie Chalouh nous explique que le professeur Mihaly Csikszentmihalyi étudie le niveau de conscience qu'il appelle «flow», soit le «courant» d'euphorie qui nous traverse lors d'une activité qui nous passionne. En vivant pleinement cet état d'euphorie, on améliore notre qualité de vie, parce que concentré sur l'activité choisie (sport, musique, marche, danse, peinture, écriture, sculpture...), on oublie notre douleur. On exerce ainsi un certain contrôle. Un effort, aussi minime soit-il, produit le plaisir et ainsi, l'euphorie obtenue nous incite à nous améliorer encore plus, car cette démarche est à notre portée. Le dernier paragraphe de cet exposé est magnifique d'espoir et de consolation. Je le reproduis textuellement :

Extase, euphorie, plaisir, passion, exaltation, ou, sous d'autres latitudes, «nirvana», c'est-à-dire l'extinction du moi qui s'élève au-dessus du tumulte des douleurs et des angoisses, non pour s'oublier mais pour se dépasser. Nirvana : cette lune qui brille soudain dans la nuit, après que le vent a balayé les nuages.

Et pour le redire dans mes mots, il est essentiel que je me bâtisse un projet qui soit à la mesure de mes capacités, et pour lequel il n'y a jamais assez d'efforts consentis. C'est le prix à payer, pour connaître la satisfaction, le soulagement, la sérénité, sur mes traits d'abord, et dans toutes mes attitudes. C'est l'enchantement. Un autre cadre enchanté et enchanteur. Celui de mon moral, de mon mental. C'est ma propre création. Je l'avoue, j'en suis heureuse et fière.

Cette création, en voici quelques éléments. Je veux vous les offrir, comme on donne à un ami quelques moyens pratiques de s'aider à réaliser le plus de victoires possibles. Ce ne sont pas des solutions miracles. Ce ne sont que des suggestions. Vous en faites ce que bon vous semble. Au premier abord, peut-être trouverez-vous bizarre de lire une nomenclature de livres, de musique, en plein cœur d'un chapitre au lieu qu'elle soit à la fin. C'est que, voyez-vous, je veux que vous sentiez que c'est dans les petites choses que je retire le plus. Ces livres et cette musique étaient là, près de moi. Je ne les ai même pas choisis. Par hasard ou depuis longtemps prédestinés, ils étaient pour une époque donnée, les instruments à utiliser.

Il y a cinq ans, ou dans deux ou sept ans, je suis tout à fait consciente que cela pourrait ou pouvait être différent. Là n'est pas l'essentiel. Ce qui compte, c'est le résultat. Le marteau du forgeron ou du sculpteur n'est qu'un outil dans sa main. C'est le chef-d'œuvre qu'il façonne qui a toute l'importance.

13

Lis d'un jour

La fleur est courte, mais la joie qu'elle a donnée une minute n'est pas de ces choses qui ont commencement ou fin.

Paul Claudel

Je profite de ce dernier chapitre pour vous parler de l'amitié. Quelqu'un a écrit un jour «que l'amitié est plus rare que l'amour». Je ne sais pas si c'est vrai mais, quoiqu'il en soit, l'amitié dans ma vie est aussi importante que l'amour. En dehors des trois hommes de ma vie, bien sûr, et des membres de mes deux familles, je dois avouer que j'ai très peu d'amis véritables. Mais ceux que j'ai, hommes ou femmes, sont tout simplement extraordinaires. Tout d'abord, ils sont fidèles, dans la joie comme dans la peine. Leur support, leur compréhension, leur patience sont comme de rares joyaux. Cela brille, même sous une pluie, la nuit.

Mes amis sont heureux de vivre et leurs rires sont comme des cristaux précieux. Ils me gâtent, me supportent, m'encouragent, me félicitent et parfois m'avouent... qu'ils m'admirent. La réciproque est tellement vraie! Quelle richesse! Quel réconfort!

Mes vrais amis ont depuis longtemps compris que leur façon de s'exprimer était secondaire pour moi. Ils ont compris que ce qui m'importait le plus, c'est ce qu'ils ont à exprimer. Le contenant est sans importance. Le contenu est essentiel.

Mes vrais amis pleurent avec moi, font silence avec moi, espèrent avec moi. Ils sont présents dans l'absence. Ils sont comme des magiciens de mobilité face à mon immobilité. Ils me tirent inlassablement en avant. Si je perds le pas, ils me soutiennent. Si je trébuche, ils me relèvent. Si je suis fatiguée, ils m'offrent leurs épaules. Si je suis inquiète, ils m'ouvrent leurs bras. Si je suis silencieuse, j'entends battre leurs cœurs au même rythme d'espérance que le mien.

Et pour toutes ces raisons je sais que si, auprès d'eux, je meurs un jour, ils sauront sourire avec moi à cette autre Vie, qui enfin viendra sceller la récompense ultime de ce pourquoi je vis sur terre. Comme le sage Vincent, dans la série *La Belle et la Bête*, j'aurai ainsi donné un sens à ma destinée. J'aimerais, à l'heure de la séparation définitive – que je souhaite le plus tard possible – j'aimerais que tous ceux et celles que j'aime chantent avec moi : «On devrait mourir... lorsqu'on est heureux».

Un très grand ami, qui à mes yeux est aussi un grand et véritable artiste, m'a un jour offert un touchant tableau. Il l'avait imaginé à la suite d'une visite qu'il m'avait faite à l'hôpital. Tous les deux avions discuté de la théorie du «au jour le jour», ma théorie d'une demi-heure à la fois. Ce soir-là, ma souffrance était telle que ma main tremblante dans la sienne lui faisait comme toucher des doigts, «les ailes légères d'un papillon», selon sa propre expression.

Son tableau représente une simple fleur dans un simple verre d'eau. Mais quelle fleur ! Ce «lis d'un jour» s'épanouit dès l'aurore, pour se refermer lentement mais à tout jamais lorsque le soir descend. Hier est souvenir, aujourd'hui est la vie, et pour demain, la tige de l'espoir est déjà conçue.

Vous avez sûrement remarqué que la tige d'une fleur dans l'eau donne l'illusion d'être coupée, cassée.

Cette coupure, cette cassure est semblable aux bris dans mes pauvres os. Le sigle de l'unité des maladies rhumatismales représente une articulation. Qu'elle soit saine ou rongée, ou presque complètement sortie de son axe, cette articulation est le symbole concret de l'arthrite en moi.

Pour moi, le parallèle entre l'image et la réalité a été tout de suite évident. Il y a une blessure à réparer, à panser, comme en retirant le lis de l'eau, l'illusion s'évanouit. Il ne reste que la vérité, toute tissée de beauté et de promesses. C'est de cette façon que je me soigne et que je me guéris. Et tant qu'il y aura près de moi, une amitié assez clairvoyante pour m'offrir ce «lis d'un jour», je ne pourrai jamais refuser ou ignorer l'amour.

Comme l'écrivain Colette dans son livre *Le Fanal bleu*, je peux m'exclamer: «Finalement, cette arthrite n'est pas une si mauvaise affaire!»

Que dire de plus? Une toute petite colombe bleue, perchée sur cette fleur délicate, peut éternellement nourrir en moi un si grand espoir. Cet espoir est-il dans votre vie aussi? J'ai osé écrire! Pour vous, que je ne connais pas, mais que je sens tout près de moi... Pour vous qui, comme moi, survolez l'existence, pour en ressortir plus beau, meilleur, plus valable... Pour vous, que j'estime, parce que votre grand besoin de vitalité rencontre le mien, au-delà de nos manques et de nos faiblesses...

Pour vous, je cueille donc ce lis d'un jour, et à mon tour je vous l'offre avec toute mon amitié. J'invente et crée pour vous l'envol parfait d'une petite colombe bleue, symbole vivant qui fait naître et croire en des temps meilleurs de rémission et un jour... en une possible et totale guérison.

22 août 1991

Épilogue

À l'automne 1991, après deux ans de congé de maladie, mon rhumatologue me déclare apte à retourner travailler. Mais je dois refaire ma place. Mon employeur exige une contre-expertise médicale, ce qui est dans l'ordre des choses, je crois. Elle me sera favorable. Je reviens au boulot en novembre. Nouvelle loi; nouveautés informatiques; nouvelles directives. Rien ne me rebute. Je recommence. Je m'engage. Pour moi, c'est une autre victoire.

Toute l'année 1992, ma santé se maintient. Un an de répit? Puis le 22 décembre, notre Patrick, qui vient d'avoir dix-neuf ans meurt dans un accident d'auto. Ses funérailles ont lieu le vingt-quatre décembre, la veille de Noël. «Perdre son enfant... Tragédie sans nom et sans âge» a écrit Madame Margot Bélanger Lapointe. Pour

Pierre, Frédéric et moi, notre âme est blessée à jamais. C'est la douleur de survivre...

L'année 1993 débute et se vit dans le chaos de nos sentiments contradictoires. Je tiens le cap jusqu'en septembre, mais finalement je dois me rendre à l'évidence. Il me faut un temps d'arrêt pour «vivre et faire face à mon deuil». En thérapie, je rencontre une femme extraordinaire à qui je dois beaucoup. Et, aussi incroyable que cela puisse paraître, pendant toute cette longue année qui a suivi le décès de Patrick, j'ai cessé d'écrire. Mon cœur avait mal. Je me sentais vide et sèche en dedans. Jusqu'au jour où j'ai rédigé ma première «lettre à mon fils de l'au-delà», dans laquelle je lui redis notre amour et le remercie de tout ce qu'il nous a apporté et fait partager dans sa si courte vie.

Au début de l'année 1994, j'obtiens de travailler quatre jours par semaine au lieu de cinq. C'est une victoire, c'est un cadeau dans ma vie professionnelle.

La vie continue...

Pierre et moi bâtissons un beau projet. En mai et juin 1994, nous partons tous les deux pendant cinq semaines. Voyage de rêve, féerique, peuplé de calme, de beauté, de ressourcement. Tout le long de la côte est américaine, en revenant par l'Ouest canadien, nous nous sommes donnés la permission de rire et de vivre à nouveau. J'ai visité; j'ai marché dans le Grand Canyon; j'ai exploré; j'ai participé. J'étais envoûtée et émerveillée. Mes jambes me supportaient, mes mains et mes bras étreignaient l'univers. Une vitalité intérieure et physique me comblait.

Nous revenons juste à temps pour le bal de notre Frédéric. En août, il quitte le foyer familial pour aller étudier à Trois-Rivières. Nous sommes très fiers de lui. De nature réservée, avec une maturité et un équilibre extraordinaire pour son âge, il affronte avec un grain subtil d'humour les peines et les joies de sa jeune vie. Il est grand! Et il aura dix-huit ans bientôt... déjà!

En septembre, après trois ans de répit, de nouvelles douleurs arthritiques apparaissent... fulgurantes et très graves. Le cheminement est à refaire... C'est comme si tout mon livre de chevet était à relire... Je reprendrai à la première page.

Cette maladie en moi, si je la compare à une saison, elle est «hiver». Elle me glace, me fige, me rend rigide, sans force et déroutée, même après vingt-trois ans. Ses grands vents me laissent fragile et chancelante. Ses poudreries cachent parfois aux yeux de mon cœur et de mon âme, les images rassurantes de tout ce qui m'entoure.

Mais je demeure toujours convaincue, envers et contre tout, que, quelles que soient sa longueur et sa rigueur, l'hiver fait toujours place un beau matin, à un magnifique printemps...

8 décembre 1994

Les lecteurs qui désireraient entrer en contact avec l'auteur ou lui faire part de leurs commentaires sont invités à le faire en adressant leur courrier à Suzanne Desloges-Duval aux soins des Éditions Hurtubise HMH, 3140, rue Allard, Montréal (Québec) H4E 2M7.

Table des matières

• Cap-Saint-Ignace
• Sainte-Marie (Beauce)
Québec, Canada
1996

« L'IMPRIMEUR »